梦想的力量
中国梦青少年读本

# 科技腾飞之梦

KEJI TENGFEI ZHI MENG

刘勇
李春雨
主编

侯敏
姚舒扬
副主编

李吉
编著

北京师范大学出版集团
BEIJING NORMAL UNIVERSITY PUBLISHING GROUP
安徽大学出版社

图书在版编目(CIP)数据

科技腾飞之梦/李吉编著. —2版. —合肥：安徽大学出版社，2014.9
（梦想的力量：中国梦青少年读本/刘勇，李春雨主编）
ISBN 978-7-5664-0848-8

Ⅰ.①科… Ⅱ.①李… Ⅲ.①爱国主义教育－中国－青少年读物
Ⅳ.①D647-49

中国版本图书馆 CIP 数据核字(2014)第 219750 号

出版发行：北京师范大学出版集团
　　　　　安 徽 大 学 出 版 社
　　　　　（安徽省合肥市肥西路3号 邮编230039）
　　　　　www.bnupg.com.cn
　　　　　www.ahupress.com.cn

印　　刷：合肥市裕同印刷包装有限公司
经　　销：全国新华书店
开　　本：170mm×230mm
印　　张：13.25
字　　数：127千字
版　　次：2014年9月第2版
印　　次：2014年9月第1次印刷
定　　价：24.80元
ISBN 978-7-5664-0848-8

策划编辑：赵月华　钟　蕾　　　装帧设计：李　军
责任编辑：李海妹　　　　　　　美术编辑：李　军
责任校对：程中业　　　　　　　责任印制：赵明炎

**版权所有　侵权必究**
反盗版、侵权举报电话：0551－65106311
外埠邮购电话：0551－65107716
本书如有印装质量问题，请与印制管理部联系调换。
印制管理部电话：0551－65106311

# 总 序

中国是有着五千多年灿烂历史文明的泱泱古国。周秦伟业、两汉文明、大唐盛世、宋季富士、元朝拓疆、明代兴旺、康乾胜景，历史上伟大的时代与悠久的历史文明，不仅让我们每个炎黄子孙倍感骄傲，而且令世界人民叹为观止。而时至清朝，当欧洲已经走出长达八百多年中世纪的黑暗，在文艺复兴运动，接受一系列新知识、新技术的时候；当18世纪初牛顿发现了万有引力定律、莱布尼茨建立了微积分体系、培根喊出了"知识就是力量"的时候；当英国正在大张旗鼓地进行工业革命的时候，中国却仍然沉浸在"天朝上国"的迷梦和农业经济繁荣的落日余晖之中，根本不知道世界正在发生翻天覆地的巨变。结果是中国为此付出了沉重而惨痛的代价，鸦片战争失败后所签订的丧权辱国的中英《南京条约》，使中华民族承受了巨大而空前的屈辱，于是无数的仁人志士开始为振兴中华而奔走呼号，甚至抛头颅、洒热血。从洋务运动、戊戌变法、辛亥革命,直到中华人民共和国成立,中国人民为了寻求挽救国家于倾颓的伟大梦想,走过了一段艰难曲折的历程。

五四运动是这一历程中重要的一步,成为近现代国人真正觉醒的辉煌的起点。五四运动的先驱在高扬"民主""科学"伟大旗帜的同时,将目光聚焦于文学。我们还清楚地记得,无数有识之士都不约而同地将目光集中投向了青年!五四新文学与新文化运动中最重要、最让人瞩目的刊物就叫《新青年》,陈独秀所写的《敬告青年》满含殷殷之情、拳拳之心,至今令人难忘。回想当年,陈独秀为什么要创办《新青年》?为什么要写《敬告青年》?以陈独秀为代表的那代人为什么那样关注青年?难道是因为他们心血来潮吗?难道是因为他们认为青年必然胜过老年吗?不是的!他们清醒地意识到,民族伟大复兴的梦想不是一代人所能完成的,甚至也不是两三代人就能实现的。这个伟大的使命势必要由数代青年前赴后继,不断努力地去承担、去完成、去实现!

陈独秀在《敬告青年》一文中的慷慨陈词:"青年如初春,如朝日,如百卉之萌动,如利刃之新发于硎,人生最可宝贵之时期也。青年之于社会,犹新鲜活泼细胞之在人身。"亦如梁启超在《少年中国说》中所言:"老年人常思既往,少年人常思将来。惟思既往也,故生留恋心;惟思将来也,故生希望心。惟留恋也,故保守;惟希望也,故进取。

惟保守也,故永旧;惟进取也,故日新。"这样的言辞虽然有些绝对,但却道出了青少年乃国家与民族未来希望之实质。

从晚清起到今天,心怀强国梦想的中国人奋斗了一百多年。虽然在这一百多年中,几代人前赴后继,为中华民族开辟了一条通往伟大复兴之路,但在这条复兴的道路上,还需要我们继续努力。实际上,以"中华民族伟大复兴"为旨归的"中国梦"正像五四新文学先驱者们所预测的那样:还需要几代人去实现。也就是说,还需要几代青少年去不断地努力与拼搏。所以,让青少年了解什么是"中国梦",让青少年了解"中国梦"的实现对于我们国家与民族的根本意义,是多么急切,多么重要!这就是我们出版这套"梦想的力量:中国梦青少年读本"丛书的初衷。

这套丛书,紧紧围绕着"理想信念""少年成长""教育强国""科技腾飞""文学艺术""悠悠历史""求真探奇""城乡和谐""平凡人生""走向世界"等十个与"中国梦"密切相关的主题,用许许多多生动有趣的故事,向怀揣梦想的青少年说明:"中国梦"这三个字绝对不是口号、不是空想。相反,它有着丰富的文化内涵和底蕴,它涵盖了我们生活的方方面面,彰显在历史、科技、文学艺术等各个领域。它既可以体现为伟人在其人生历程中所追求的理想信念,也可以体现为普通人在平凡的人生中所坚守的一个个小小梦想；它既可以体现为老一辈对于自己梦想的执着守望，也可以体现为年轻一代对于未来的无限憧憬。

  我们之所以把这些故事讲给青少年听，是想让青少年了解那些曾经发生和正在发生的感人故事，让他们真正体悟梦想的实现都不是一蹴而就的，而是要付出辛劳和汗水；让青少年在这些生动感人的故事的熏陶下培养自身坚强、勇敢、勤劳的优秀品质；让青少年通过这些故事反观自身，从而激发他们面对挫折时的斗志和勇气；让青少年了解什么是"中国梦"，为什么要实现"中国梦"；让青少年明白自己在实现民族伟大复兴的"中国梦"的历史进程中肩负着什么样的责任。

  "梦想的力量"在根本上来自青少年！

  "中国梦"的实现归根到底在于青少年！

刘　勇　李春雨<br>2014 年 1 月

# 目录

影响世界进步的十进制 // 1
算盘里的中国智慧 // 6
针灸的前世今生 // 13
青铜时代的见证 // 18
造福世代的都江堰 // 22
造纸技术的革新者 // 26
数星星的天文大家 // 33
民族的骄傲 // 38
梦溪园里的科学史坐标 // 44
医学"百科全书" // 51
大航海时代的开启者 // 61

中国第一位飞机设计师 // 67

科学救国的"地质之光" // 76

实业救国的化学家 // 83

中国桥梁史上的丰碑 // 91

照亮祖国的科技之光 // 97

克隆技术的先行者 // 103

实现祖国航天梦 // 110

弃文学理为救国 // 121

"两弹一星"元勋 // 127

中国的外科之父 // 134

"中国人永恒的骄傲" // 140

杂交水稻的实验者 // 148

孕育"神舟"的戚发轫 // 155

解决汉字输入问题的王选 // 162

执着于光学事业的蒋筑英 // 170

掀起IT业界中国"浪潮" // 178

邓中翰的"中国芯" // 186

中国"蛟龙" // 192

后记 // 201

## 影响世界进步的十进制

数万年前的石器时代,一群原始人正在向一群野兽发动攻击。只见石头做的箭镞与投枪呼啸着从林中穿过,上下翻飞,被击中的野兽在哀号,未被击中的野兽则四处躲避,拼命奔逃。这场攻击一直持续到黄昏,原始人获得了很多猎物。

晚上,原始人在栖身的山洞里点燃了篝火。他们围着篝火一边唱歌一边跳舞,欢庆胜利。他们把白天捕杀的野兽抬到火堆边点数。原始人的首领扳着手指,一只、两只……每只野兽对应着一根手指。但是猎物太多,10根手指不够用,首领点来点去总是算不清到底有多少只猎物。这时,首领的儿子想到了一个主意。他先把数过的10只猎物堆放在一起,然后拿过来一根绳,在绳子上打一个结,表示"手指这么多的猎物"(即10只猎物)。然后他又数了10只猎物,堆放在一起,再在绳子上打个结。这天,他们的收获很多,一个结,两个结……很快就数到与手指一样多的结了。于是他们就换第二根绳继续系下去。

"逢十进一"的十进制就是这样产生的。数主要用来表示事物的多少和事物之间的次序,我们熟悉的自然数就具有这两方面的功能。要发挥自然数的功能,就必须创造出表达数字概念的适当方式,即计数法。

除了十进制计数法,人们也曾用过别的进位制,比如玛雅人用的是二十进制,巴比伦人用的是六十进制。现在的时间进位、角度进位用的就是六十进制。英国人用的则是十二进制,比如,1箩等于12打,1打等于12个。其中,十进制计数法是人类最常用的计数方法。

为什么十进制计数法最常被用到呢?这跟人类的身体有密切的关系,因为无论肤色如何、讲何种语言,人都长着两只手,每只手上各有5根手指。最初人类计数的时候,最方便的莫过于摆弄手指。伸出或弯曲几根手指就是几,但这最多只能数到10。因此,人类只得先把10根手指的数记下来,然后再重新数手指。如此循环往复,自然而然就以十来进位了。

从考古发现来看,中国数学史的源头可以追溯到旧石

器时代晚期。在分配食物的过程中,人类形成了最初的数量概念。最初的数量概念不是抽象的自然数,而是看得见、摸得着的实物,是现实的、具体的量。考古学家们在北京西南周口店龙骨山山顶洞遗址中发掘出了4个带有磨刻符号的骨管。从世界范围看,人类早期使用的计数方法,几乎都是结绳或刻痕。而山顶洞人很可能是用一个磨刻的圆点代表数字"1",用两个磨刻的圆点代表数字"2",用3个磨刻的圆点代表数字"3"。骨管两侧的磨刻符号,已经具有累计意义。

公元前21世纪,中国迈进了文明社会。史书上记载的夏朝大禹治水故事中提到大禹"左准绳,右规矩"。意思是,大禹一手拿着准绳,一手拿着规矩,对治水工程进行测量,运用勾股定理进行计算。果真是那样的话,中国人使用十进制计数法的历史还要提前。

公元前16世纪,商朝取代夏朝。商朝时,人们把文字刻在龟甲、兽骨上,这种文字就是甲骨文。人们还把文字刻铸在青铜器物上,这种文字就是金文或钟鼎文。甲骨文和钟鼎文的出现表明最迟在殷商时期中国人已经使用完善的十进制计数法了。因为古文字学家们在甲骨文中找到了13个数码,它们分别是:一、二、三、四、五、六、七、八、九、十、百、千、万。

中国人率先发明的十进制计数法的原理,一是逢十进一,二是每个数码既有其自身的绝对值,又有其所在位数的十进制的值。例如,6在个位就是它自身的绝对值6,而在十位则是它自身绝对值的10倍——60,在百位则是它自身绝对值的百倍——600。这种数字思想充满着辩证法,它的奥妙在于可以用有限的符号表示无穷无尽的数,而且简捷、明快。

著名数学家吴文俊院士在《吴文俊论数学机械化》一书中说,十进制计数法"对世界文化贡献之大,即使不能与用火的发明相比,也是可以与火药、指南针、印刷术等发明相媲美的"。难怪马克思称十进制计数法为人类"最美妙的发明之一"。

## 知识链接

**北京人遗址** 距今约50万年,生活在北京周口店的原始人类被称为"北京人"。20世纪20年代后期,考古工作者在北京周口店首次发现了北京人的头盖骨化石。北京人遗址是世界上古人类遗迹最丰富的遗址,先后出土了5个比较完整的北京人头盖骨化石和一些北京人其他部位的化石。北京人保留了猿的某些特征,能够制造和使用

工具，已经懂得用火，过着群居的生活。1987 年，周口店北京人遗址被联合国教科文组织确定为世界文化遗产。

❀ ❀ ❀

没有十进位制，就没有现在这个计数统一的世界。

——［英］李约瑟

## 算盘里的中国智慧

多年前我国科学工作者在研制原子弹时拨动算盘完成大量计算的画面,让人记忆犹新。即使在数字时代的今天,当你走进中国一些商店,还是很可能会发现有营业员熟练地拨着算珠。不仅如此,美国的一些高科技从业人员也在使用算盘,因为他们认为算盘不会受到电脑病毒的侵害。日本松下公司也曾要求其员工都能熟练使用算盘。

在北宋张择端《清明上河图》画卷的最左端是"赵太丞家"药铺,药铺门口的桌子上摆着一个九档的算盘,这很可能是关于算盘最早的图片资料。随着时代的发展,算盘不断被改进,成为今天的"珠算"。在古代,即使是不识字的人,只要懂得了算盘的基本原理和操作规则,就会使用它。所以,在古代,算盘在中国民间被广泛使用。

实际上,今天被世界认识、应用的算盘,其诞生的故事可以追溯到黄帝时代。传说,算盘是黄帝手下一名叫隶首的人发明创造的。黄帝统一部落后,百姓生活越来越富足。随着物质的丰富,算账、管账成为一个大难题。

最初,大家采取用结绳记事、在木头上做记号的方法来处理日常账务。有一次,一位狩猎能手带回来7只山羊,而保管猎物的人却说他只交回1只。最后经查实,发现还是7只。原来保管人把7听成了1,只在绳子上打了一个结。类似的事情经常发生,虚报冒领的事也经常发生,账目越来越混乱,黄帝因此感到非常烦恼。

有一天,黄帝的助手隶首上山采野果,看见一棵桃树。他爬上树摘了几个桃子,坐在树边吃起来。他发现自己扔的桃核红红的,非常好看。隶首从地上一个一个地捡起桃核,数了数,有20个。这时,他突发奇想:如果把10个桃核比作10张虎皮,把另外10个桃核比作10张山羊皮……今后,谁交回多少只猎物,就发给谁多少个桃核;谁领走多少只猎物,就给谁记几个桃核,这样账目不就清楚了吗?

隶首把他的想法告诉了黄帝。黄帝想了想,觉得很有道理,就命隶首管理财物、账目。隶首担任总"会计"后,第一件事就是命令大家收集各种野果,分别对应不同的东西。比如,山楂果代表山羊、栗子果代表野猪、木瓜果代表老虎……一开始比较顺利,但时间一长,野果全都变质腐烂了,账目又乱了。

　　隶首非常气恼。他仔细考虑后,觉得使用野果是不合适的。他决定用不同颜色的石头代替野果,这样就不怕变质腐烂了。谁知好景不长。有一天,隶首外出办事,他的儿子带着一群小伙伴到家里玩。孩子们发现隶首家里放着很多不同颜色的石头,觉得好奇,就拿来玩。一不小心,石头被推掉在地上,隶首的账目又乱了。隶首回家看到这个情景也没办法,只好一个人蹲在地上慢慢收拾。这时隶首妻子走过来,对隶首说:"你在石头上打一个眼,用绳子穿起来就可以了呀!"隶首觉得妻子说得有道理,就在每块石头上打了个眼,用细绳逐个穿起来。每穿够 10 个数或 100 个数,中间就穿一块其他颜色的石头。这样石头代表的账目就一目了然了。

　　随着猎物的数量不断增加,需要统计的数字越来越大,用穿石头的方法来记账也越来越不好操作了。有一次,隶首上山散步,看见满山遍野都是成熟的红山果,每株上边只结 10 颗红山果,全部是鲜红色的,非常好看。他顺手折了几株,想起自己管账以来遇到的各种挫折,心里一阵酸楚。这时,岐伯、风后、力牧 3 个人上山采草药,看见了隶首。风后问隶首在想什么,隶首看见他们,赶忙站起来,把自己遇到的困难告诉了他们。风后想了想,对隶首

说:"我看今后记账不需要再用那么多的石头了。只用100个石头,就可顶十万八千数。"隶首忙问:"怎么个顶法?"风后叫隶首摘下一些红山果,削10根细竹棒。风后在每根竹棒上穿上10颗红山果,一连穿了10串,最后都插在地上。风后说:"如果今天猎队交回5只鹿,你就往上推5颗红山果。明天再交回6只鹿,你就再往上推6颗。"隶首说:"那不行,一根竹棒上只穿了10颗红山果,已经推上去5颗,再要往上推6颗,那就不够了。"风后说:"对呀!你就该向前进一位了。从颗数上看,只有2颗。实际上是数字11。再有,如果猎队又交回9只鹿,那你该怎么计算?要再进一位,因为9加11是20。现在,虽然只有2颗红山果,实际上是20个数。也就是说,每够10个数,每够100个数,都要向前进一位。比如,再有猎队交回80只鹿,够100个数,就再向前进一位。"隶首问:"进位后,怎么能记下来呢?"力牧接着说:"这好办,进位后,就画个记号。比如,10个数后面画1个圈,100个数后面画2个圈,1000个数后面画3个圈,10000个数后面画4个圈。这就叫个、十、百、千、万。"

隶首茅塞顿开。他回家制作了一个大泥盘子,给从河蚌里取出来的白色珍珠打上洞眼,每10颗穿在一起,穿了100颗,做成了"算盘"。然后在上面刻上了位数:个位、十位、百位、千位、万位。就这样,算盘的雏形诞生了。

世界上算盘有两种：一种是罗马十珠算盘，现在已经基本没人使用了；另一种是中国算盘，由于中国算盘制作简单，价格便宜，且计算口诀便于记忆，运算又简便，所以在中国被普遍使用，并且流传到世界各地。

**黄帝** 黄帝是传说中中原各族的共同祖先。姬姓，号轩辕氏、有熊氏。相传炎帝扰乱各部落，黄帝得到各部落的拥戴，率兵打败炎帝。后又击杀蚩尤。从此，他由部落首领被拥戴为部落联盟领袖。传说养蚕、舟车、文字、医学、算数等都是在黄帝时期发明创造的。

❋ ❋ ❋

不要把算盘丢掉。

——周恩来

# 针灸的前世今生

　　1972年,当时的美国总统尼克松访问中国一周,这一周被媒体称为"改变世界的一周",是20世纪政治史上的一件大事。这期间还有个小插曲。当时的《纽约时报》资深记者詹姆斯·罗斯顿被派往中国采访报道这一历史事件。在访问期间,罗斯顿突发阑尾炎,需要进行阑尾切除手术。很快,11位北京医学权威就罗斯顿的病情进行会诊。最后由北京协和医院的外科医生为罗斯顿做了阑尾切除手术。手术后第一天,罗斯顿一切正常,没有什么不适。

　　可是,术后第二天晚上,罗斯顿感到腹部十分疼痛。北京协和医院针灸科的医生在征得罗斯顿的同意后,为他进行了针灸治疗。治疗结束后不久,罗斯顿便恢复正常,

而且再也没有复发。

回国后,詹姆斯·罗斯顿把自己在中国治病的经历写成了新闻稿发表。这也让更多的外国人知道了中国独有的医疗方法——针灸。

针灸是中国人发明的一种神奇、独特的医疗技术。不同于西医的打针吃药,针灸是通过用针刺或灸灼病人身体的某一个或几个部位,达到治疗目的的一种方法。针灸萌芽于我国的新石器时代。在中华民族的形成过程中,传说伏羲氏有十大功绩,其中之一就是制造九针,所以他被称为"针灸鼻祖"。传说伏羲氏用九针为百姓针灸治病,他根据病人的病情,分别选用不同的针型为他们治病,治疗效果非常好。

很早的时候,人们就有意识地利用锋利、尖锐的工具,刺破或揭开脓肿的皮肤,挤出脓血,治疗疾病。最初用来刺破或切开皮肤的工具,是带尖、带刃的石块,被称为"砭石"。人们还发现,用植物叶片将热泥巴或热石块包裹起来,放置在病痛处,可以缓解疼痛,甚至能治愈疾病。而烧热泥巴或石块会花费大量时间,人们又尝试用点燃的树枝或干草来刺激人体表面的某些部位,这就是后来的灸灼术的起源。

春秋战国时期,铁针出现了,它最终取代了砭石。铁

针的发明者是我国战国时期的大医学家扁鹊。扁鹊的医术非常高明,善于治疗疑难杂症,并且十分擅长针灸疗法。

传说有一次,扁鹊带着两个徒弟行医到了虢国。患病已久的虢太子在当天早上突然失去了知觉,大家都认为虢太子已经死亡了。扁鹊和徒弟们急忙进宫去看个究竟。他们到了虢宫,在了解了病人的症状和发病经过后,对病人进行了检查。结果发现病人的鼻翼翕动,大腿内侧仍然温热。扁鹊认为虢太子并没有真正死亡,而是患了"尸厥"症。于是,他指导徒弟给虢太子扎针。不多会儿,虢太子便苏醒过来。接着,扁鹊又吩咐徒弟用药物轮番热敷病人的两侧腋下,并熬制药汤给病人口服。20天后,虢太子恢复了健康。扁鹊师徒治好虢太子的消息不胫而走,人们都传说扁鹊有"起死回生"的本领。这是距今2000多年、有文字记载的针灸治病的一个例子。

事实上,针灸疗法的关键是所取穴位、所刺激的部位要准确。找准穴位难度很大,因为穴位虽然分布在人体表面,可并没有显著的标志,而且每个人的体征各不相同,很难按固定的标准去寻找。为了解决这个难题,我国古代医学家们进行了不懈的努力。

唐代被百姓誉为"苍生大医"的孙思邈绘制了3幅大型彩色针灸挂图,把人体正面、背面和侧面的12条经脉用不同颜色的线描绘出来,并且提出了"同身寸取穴法"。这种方法简便、易学、好操作,而且效果好。

大型彩色针灸挂图虽然有很多优点,但它是平面的,缺乏立体感,真实度也不够,所以没有根本解决针灸准确取穴的难题。

北宋时期,翰林医官王唯一设计并主持铸造了两具供人练习针灸用的铜人。铜人大小与真人相似,胸腔和腹腔中空,表面铸有经络走向和腧穴位置,并在腧穴处钻孔打通。整个铜人身上有657个腧穴,穴名354个。使用铜人时,要先在铜人体表涂上一层黄蜡,再给铜人注满水,然后给铜人穿上衣服,让学生试针。如果穴位找得准确,针扎下去穿透黄蜡,铜人体内的水就会从针孔射出来;如果没找准,针根本就扎不进去。铜人的制造,对于人们练习寻找穴位有极大的帮助,意义重大。

历史的车轮不断前进,我国的针灸事业也在不断向前发展。1988年10月27日,在"国际经络生物物理研讨会"现场观摩会上,中国科学院生物物理研究所副研究员祝总骧让一名"病人"平躺在床上,他准确、迅速地找到这个人的穴位,并连接这些穴位,组成了14条高度敏感的线。他现场查找形成的经脉图与中国古代医学家绘制的经络图基本重合,这表明,人体经络现象是一种客观存在。

如今,古老的针灸术已跻身世界最先进科学的行列,

它也将在医疗、免疫、人体特异功能等研究方面大显身手。

**伏羲氏** 伏羲氏亦作"宓羲""包牺""伏戏""皇羲"等。神话中人类的始祖。传说他教人类结网，从事渔猎畜牧，反映中国管事时代开始渔猎畜牧的情况。

❉ ❉ ❉

要痊愈的病人不辞热痛的针灸，要上进的读者也绝不怕要恶辣的书。

——鲁迅

## 青铜时代的见证

公元前 1000 多年前的一天,在商朝首都殷一座青铜器铸造作坊里,两三百位工人正在努力地工作着,有的人将含有铜、铅、锡的原材料倒入熔炉,有的人正在设计打磨磨具,他们分工合作、有条不紊,正在铸造一个庞大的铜鼎——司母戊大方鼎,以纪念商王的母亲,即他们很尊敬的国王武丁的妻子。

商朝时期,青铜器铸造作坊一般规模较大,工人有明确的分工。当时的青铜冶炼技术和青铜器铸造水平都比较高。司母戊大方鼎就是当时青铜器制造与青铜文化的典型代表。司母戊大方鼎因内壁有"司母戊"3 个字而得名。它重约 833 公斤,通身高 133 厘米,口长 110 厘米,口宽 79 厘米,是中国目前发现的最大、最重的古代青铜器。

　　1939年3月的一天,在距离河南安阳市区3公里的一个小村庄,司母戊大方鼎在沉睡了几千年之后,被一位普通农民发现。这天,这位农民漫无目的地在野地里"探宝",突然感到探杆触到了硬东西,拔出来一看,探杆卷了,探杆头上附着些许铜锈。"有宝物!"这位农民收拾工具悄悄回村。他决定找几个人和他一起把宝物挖出来。挖掘了一个晚上,宝物终于露出来了。村民们发现坑底躺着一个巨大的青铜炉样的东西。第二天晚上,这位农民多叫了一些人来。套上两匹牲口,大家一起使劲往上拽,但是没有拽出来。第三天晚上,他们又挖了一夜。终于,大鼎被挖出来了。

　　挖出大鼎的消息传出去后,当时占领河南的日本军想来"夺宝"。为了不让国宝落在日本人手里,农民们以20万大洋的价格把大鼎卖给了古董商人。由于大鼎太大、太重,不好运输,古董商人要求村民们把大鼎分拆开,以方便运输。村民们忙活了一夜后,才捶打掉一只鼎耳。所以,今天我们看到的司母戊大方鼎的一只耳朵是后来组装上去的。

　　1949年南京解放时,大鼎被收藏在南京博物馆。1959年,大鼎被运往北京,被作为镇馆之宝收藏于国家博物馆,此后再也没有离开过这里。

从历史上看，我国是世界上最早进入青铜器时代的国家之一。从使用石器到会铸造青铜器，这是人类科技史上的一个具有深远意义的进步。青铜器时代，人们已经开始大量铸造青铜器，并将青铜器运用于生产和生活，使整个社会的面貌发生了巨大变化。

近年来，考古工作者发现了许多青铜冶铸遗址，在这些遗址中发现了不少铸造青铜器的原料和工具。其中，在安阳的青铜冶铸遗址中，出土了许多陶制的"将军盔"，即炼铜用的坩埚。考古学家们还发现了铸范和铜渣，经过仪器测量和分析，推断当时的青铜器的炼铜原料是孔雀石，燃料是木炭，青铜器制造使用的是传统的方法——陶范法。

一系列的考古发现表明我国青铜文化历史悠久，青铜冶铸工艺精湛、技术娴熟，是世界文化宝库中的精华。

**青铜**　在新石器时代晚期，我们的祖先在自然界寻找石料制造石制工具和农具的过程中，发现了一种自然铜石，叫作"红铜"，也称"纯铜"。红铜具有一定的金属光泽

和延展性,所以很容易被利用。但红铜质地软,开始时人们只是用这些天然铜铸造小型工具或装饰品之类。后来,积累了丰富的实践经验的人们发现可以从孔雀石中冶炼出铜,并知道加入适量的锡可以降低铜的熔点,增加铜的硬度。青铜便是红铜加入锡、铅的合金。青铜具有熔点低、硬度大、可塑性强、耐磨、色泽光亮等特点,它被发明后,很快盛行起来。

❋ ❋ ❋

以铜为镜,可以正衣冠;以古为镜,可以知兴替;以人为镜,可以明得失。

——(唐)李世民

# 造福世代的都江堰

2008年5月12日14时28分,我国四川汶川发生了8.0级特大地震。距离汶川约100公里,经历2000多年风风雨雨的都江堰水利工程却依然正常运行。都江堰大大降低了水旱灾害的发生概率,使生活在周围的人们能够安居乐业,也给成都平原带来了富饶和美丽。回顾秦国修建都江堰的历史,可以看出都江堰的修建还有着深刻的军事和政治意义。

战国时期,雄心勃勃的秦国一直谋求统一列国。攻下蜀国后,秦国积极为攻击楚国做准备。然而,岷江成为它最大的障碍。为了治理水患,同时打通岷江至成都的交通要道,秦王派李冰任蜀守,主持兴修都江堰,都江堰的修建由此拉开序幕。

当时,成都平原广阔无边,土地肥沃,却人烟稀少,非常贫穷,可以开垦的田地也不多。贯穿成都平原的岷江是一条害人的河,每年雨季到来时总会泛滥成灾,不仅庄稼颗粒无收,连村庄都经常被淹;而雨水不足时,则会河床干涸。李冰决心治理这条河流,为当地的老百姓谋幸福。

李冰先对岷江流域的情况进行了全面考察。经过周密策划,李冰决定先从玉垒山开始。他规划、修建了许多大小不同的沟渠连接宝瓶口,组成了一个纵横交错的扇形水网,这也是都江堰的主体工程。

后来,为了进一步控制流入宝瓶口的水量,李冰又下令在鱼嘴分水堰的尾部修建了分洪用的平水槽和飞沙堰溢洪道。这样,当内江水位过高的时候,洪水就会经由平水槽漫过飞沙堰流入外江,使得灌区免遭水淹。同时,流入外江的水流还起到了有效冲刷沉积在宝瓶口前后的泥沙的作用。这些辅助设施使都江堰成为一个宏伟而缜密的系统工程。

李冰还采取了一系列措施定期清理江中的泥沙。他选择在每年的10月份进行清理,"深淘滩,低作堰",同时对损坏部位进行维修。都江堰工程灌排网络覆盖了整个成都平原,使成都平原成为中国第一个实灌面积突破千万亩的特大型灌区。都江堰被建成后,成都平原远离了水患和旱灾,生产迅速发展起来。

除都江堰外,李冰在蜀郡还主持兴建了一些其他水利工程,为成都平原的生产发展做出了重大的贡献。由于李冰一心为百姓谋福利,所以当地百姓都十分喜爱他,并尊称他为"川主",有些地方还修有"川主祠",以表达对他的感激和怀念。

不破坏自然资源,充分利用自然资源为人类服务,是都江堰工程历经2000多年仍在发挥效用的关键所在。人、地、水三者的高度协调统一体现了当时设计者和建造者的高超智慧和聪明才智。

纵观历史,人类古老文明离不开伟大的水利工程。四大文明古国之一的古巴比伦王国,在水利工程方面曾创造奇迹。然而,随着历史的发展,无论是汉谟拉比时代的奇迹,还是古埃及王国发达的水利灌溉渠道都已经灰飞烟灭。只有在中国的川西平原、"天府之国"的都江堰还在发挥着作用。

2000年11月,四川的都江堰与青城山一起,被联合国教科文组织列入世界遗产名录,成为人类历史上的宝贵财富。世界遗产委员会是这样评价它的:"建于公元前3世纪,位于四川成都平原西部的岷江上的都江堰,是中国战国时期秦国蜀郡太守李冰及其子率众修建的一座大型水利工程,是全世界迄今为止年代最久、唯一留存、以无坝

引水为特征的宏大水利工程。”

## 知识链接

**水利工程**　水利工程是对地表水和地下水进行控制、治理、调配、保护和开发利用，以达到除害兴利为目的而兴建的各项工程的总称。水是人类生产和生活必不可少的宝贵资源，但其自然存在的状态不完全符合人类的需要。通过兴建水利工程，才能使其满足人们生活和生产的需要。水利工程一般包括防洪、农田水利、水力发电、航运工程等工程，也包括城市给排水、抗洪排涝、海水淡化等工程。

✻ ✻ ✻

都江堰水沃西川，人到开时涌岸边。
喜看杩槎频撤处，欢声雷动说耕田。

——（清）山春

## 造纸技术的革新者

东汉时期的蔡伦在主管宫内御用器物和宫廷御用手工作坊时,推动了手工业工艺的发展,被称为"东汉时期的科学家",留名后世。蔡伦造纸的故事更是家喻户晓。

蔡伦是东汉桂阳郡耒阳(今湖南耒阳市)人。在普通农民家庭中长大的蔡伦,聪明伶俐,很是出众。汉章帝刘炟即位后,常到各郡县挑选幼童入宫,年仅15岁的蔡伦被选入洛阳宫内做太监。在宫中,蔡伦读书识字,学习认真刻苦,一开始在宫中担任小黄门(宦官中职务较低者),很快就升作黄门侍郎,掌管宫内外事务,传达及引导诸王朝见、安排就座等。后又承担起督造皇家器物的使命。

蔡伦做事极为认真。为了督造好御用物品,他先是在皇家藏书馆遍览工艺书籍,然后又到皇家作坊督察制作流

程。蔡伦曾督造了一把锋利的宝剑,并将宝剑献给和帝,和帝爱不释手、大加赞赏。后来,蔡伦又用同样的方法督造了杯盏等皇家御用器物,全都非常坚固耐用。蔡伦制作皇家器物的方法也流传后世。在督造御用器物的过程中,蔡伦积累了丰富的制造经验,为他后来成功地研发出纸打下了基础。

东汉永元元年(公元89年),年轻的和帝亲政,他经常通宵达旦地批阅奏章。当时的奏章都是写在竹简上的,十分笨重,和帝翻阅非常不方便。蔡伦伺候在侧,苦思用轻便的东西来代替竹简的方法。

当时人们书写的载体有竹简、缣帛、赫蹏纸和麻纸。竹简制造工艺简单、成本便宜,但是太笨重;缣帛制造工艺复杂、耗费人工、成本太高,无法普及;赫蹏纸属于缣帛生产的附属品,虽然便宜但数量有限;麻纸,原材料是麻,制造简单,但成品十分粗糙,不适合书写。蔡伦想,如果能够使用麻纸的原料制造出一种书写材料,它有竹简的成本、缣帛的洁白、赫蹏的轻便,那该多好呀!蔡伦把自己的想法告诉工匠们,工匠们认为他太过理想,在痴人说梦,不可能实现。但是蔡伦并没有放弃,默默地寻找方法。

永元十五年(公元103年),京师洛阳一连下了半个月的大雨。一天，大雨刚停，蔡伦路过洛阳城外的洛河边，他看见有几棵大树倒伏在河边，已经腐烂不堪，树杈上还缠绕着一些废弃的渔网。蔡伦仔细地观察了这些渔网，发现破网上有一层薄薄的丝绢一样的东西，很像缣帛。路过的村民看见了，告诉蔡伦，这几年京师年年下大雨，导致洛河水位上升，河边的一些树全部浸泡在河水里，腐烂后过了几个月树上就会形成这种东西。直觉告诉蔡伦，这就是他一直在寻找的东西。

于是，蔡伦在洛河边上修了一个小池子，然后引入洛河水，将树皮投入水中浸泡。一开始效果不明显，蔡伦又加了一道曝晒的工序，来模拟树皮在自然界经受日晒雨淋的过程。经过这两道工序后，树皮变得非常脆弱。蔡伦就用石臼将树皮捣成树浆，利用模具，将树浆晒干，制造出了类似缣帛的纸。

实验制作很成功，但是精益求精的蔡伦并没有就此止步。树浆中的杂质晒干后造成的纸质地非常粗糙，纸上有明显的凹凸感。如何消除杂质呢？一天，他忽然想起自己督造宝剑在淬火环节有一道蒸煮的工艺，他认为蒸煮应该可以除去树浆中的杂质，提高纸的品质。果然，改进工艺

后晒出的纸成本低、洁白、轻便，适合书写，正是蔡伦梦寐以求的效果。于是，蔡伦将自己的造纸工艺流程记录下来，将纸和造纸技术一起献给了皇帝。和帝得知蔡伦造纸的初衷后非常感动，更为纸张出色的书写性和低廉的价格而惊叹。当时的皇太后潜心向佛，她也认为纸张非常适合用于抄写佛学经典。于是，皇帝下令将造纸技术在全国推广，这也让蔡伦的名字传遍全国。

造纸术是我国古代科学技术的"四大发明"之一，是中华民族对世界文明做出的巨大贡献。后来，国与国之间贸易往来频繁，造纸术传到欧洲，很快便在全世界范围内流行起来，大大加快了人类的文明进程。造纸术对人类的影响是巨大的，对推动人类文明的发展起到了不可估量的作用。

**淬火** 淬火是金属和玻璃的一种热处理工艺，是把金属或玻璃加热到适宜的温度，保温，随即急速冷却（通常在水、油或空气等冷却剂中冷却），用以提高金属或玻璃的硬度和强度,或改变其物理、化学性能。通常也将铅合金、铜合金、钛合金等材料的固溶处理或带有快速冷却过程的热处理工艺称为"淬火"。

❋ ❋ ❋

皎白如霜雪,方正若布棋。
宣情且记事,宁同鱼网时。

——(南北朝)梁武帝

## 数星星的天文大家

东汉汉章帝在位时,人们安居乐业,社会稳定。但是汉章帝一死,继承皇位的汉和帝才10岁,窦太后临朝执政,让他的哥哥窦宪执掌朝政大权,东汉王朝开始走下坡路。在这个时期,张衡出生在南阳西鄂(今河南南阳县石桥镇)。他的祖父张堪做过太守,为官清廉。张衡父亲早逝。虽然家境贫穷,但小张衡天资聪颖又勤奋好学。

一天,小张衡从一本诗集里读到四句诗,描述了北斗星的变化:"斗柄指东,天下皆春。斗柄指南,天下皆夏。斗柄指西,天下皆秋。斗柄指北,天下皆冬。"晚上,小张衡坐在院子里,背靠着奶奶,仰起头,数星星。一颗、两颗……一直数到了几百颗。奶奶笑着说:"傻孩子,在数星星呀!那么多星星,一闪一闪地乱动,眼都看花了,你能数得清吗？"张衡说："奶奶，我能数得清。星星是在动，可不是乱动。您看，这颗星星和那颗星星总是离那么远。"爷爷走过来，说："孩子，你看得很仔细。天上的星星是在动，可是它们之间的距离是不变的。我们的祖先把它们分成一组一组的，还给它们起了名字。"爷爷指着天空说："你看，那七颗星连起来像一把勺子，叫北斗星。勺口对着的一颗亮星，就是北极星。北斗星总是绕着北极星转。"张衡觉得这太有意思了，天上的繁星闪烁，有的像箕、有的像斗、有的像狗、有的像熊，它们的运行各有规律，这真是太神奇了。张衡一夜没睡好，几次起来看星星。他看清楚了，北斗星果然绕着北极星慢慢地转动。后来，张衡根据诗的内容又参考别的书籍画成了天象图。只要是天气晴好，他就会在晚上对着天象图仔细地观察夜空。他最终弄清楚那四句诗描述得不够准确，正确的应该是斗柄早春指东北，暮春却指东南。少年时代对日月星辰的观察，激发了张衡探索天文奥秘的兴趣。

皇帝听说张衡是个有学问的人，便召他进宫做官。张衡先是在宫里做郎中，后来担任太史令，负责观察天象。这个工作正好符合张衡的兴趣。经过观察研究，他断定地球是圆的，月亮是靠太阳的照射才反射出光来。他还认为天好像鸡蛋壳，包在地的外面；地好像鸡蛋黄，在天的中

间。这种学说虽然不完全准确,但在1800多年以前,能提出这种见解来,还是令人钦佩的。张衡还用铜制造了一种天文仪器,叫作"浑天仪"。张衡制作的浑天仪利用水来转动,近似正确地把天象演示出来。据说什么星从东方升起来、什么星向西方落下去,在浑天仪上都能看得清清楚楚。

在张衡所处的东汉时代,地震比较频繁。据《后汉书·五行志》记载,自和帝永元四年(公元92年)到安帝延光四年(公元125年)的30多年间,共发生了26次大的地震。地震区域有时大到几十个郡,地震往往导致地裂山崩、江河泛滥、房屋倒塌,造成巨大的损失,民不聊生。当时的封建帝王和一般人都把地震看作不吉利的征兆,有的还趁机宣传迷信思想来欺骗人民。张衡深深感到地震对百姓、对国家的危害,他想如果能及时了解到地震信息,便可以更好地对地震地区进行赈济和管理。经过努力,张衡发明了候风地动仪。这是世界上第一架地震仪,比欧洲同类型的仪器早了1700多年。据记载,候风地动仪上有隆起的圆盖,仪器上刻有篆文以及山、龟、鸟、兽等图形。仪器内部的中央有一根铜质的柱,柱旁有8条通道,设有巧妙的机关。仪器外部周围有8条龙,按东、南、西、北、东南、东北、西南、西北8个方向布列。龙头和内部通道中的发动机关相连,每条龙嘴里都衔着一个铜球。对着龙头,8

只蟾蜍蹲在地上，只只昂头张嘴，准备接住铜球。当某个地方发生地震时，地震仪便会转动，地震发生方向的龙会张开嘴，吐出铜球，落到蟾蜍的嘴里，发出很大的声响。人们据此便可知道地震发生的方向。

公元138年2月的一天，张衡的地动仪上正对西方的龙突然张开嘴，吐出了铜球。按照张衡的设计，这是在报告西部发生了地震。可是，那一天洛阳一点儿也没有地震的迹象，也没有听说附近有哪儿发生了地震。因此，大家议论纷纷，都说张衡的地震仪是骗人的玩意儿，甚至有人说他有意造谣生事。没想到几天后，有人骑着快马来向朝廷报告，离洛阳500多千米的金城、陇西一带发生了大地震，连山都有崩塌的，大家这才信服了张衡。

张衡还正确地解释了月食的成因，并且认识到宇宙的无限性和行星运动的快慢与距离地球远近的关系。张衡观测记录了中原地区能看到的2500颗星星，并且绘制了我国第一幅较完备的星图。传说张衡还制作了指南车和能飞行数里的木鸟。

为了纪念张衡，人们将月球背面的一座环形山命名为"张衡环形山"，将小行星1802命名为"张衡小行星"。20世纪中国著名文学家、历史学家郭沫若对张衡的评价

是:"如此全面发展之人物,在世界史中亦所罕见,万祀千龄,令人景仰。"

**浑天说** 浑天说是我国古代的一种宇宙学说。浑天说主张天地的关系好像鸟卵包着卵黄。天的形体浑圆如弹丸,故称"浑天"。

❋ ❋ ❋

你若要喜爱你自己的价值,你就得给世界创造价值。

——[德]歌德

## 民族的骄傲

在浩瀚的夜空里有一颗小行星——月球。在月球背面有一座环形山,是以我国古代一位科学家的名字来命名的,这位科学家就是祖冲之。他是我国南北朝时期南朝的科学家。祖冲之一生在数学、天文学方面取得了巨大的成就,是世界上第一位将圆周率值计算到小数点后第七位的数学家,他编制的《大明历》考虑到了岁差问题的计算,得出日月运行周期的数据比当时的其他历法更为准确。

祖冲之小的时候,老是觉得老师说的"圆周是直径的3倍"这话不对。一天,他拿着妈妈的一根绳子,跑到村头的路旁,量马车的车轮。祖冲之用绳子把车轮的周长量了一下,又去量车轮的直径。量来量去,他总觉得车轮的直径没有车轮周长的三分之一长。祖冲之一连量了好几辆

马车车轮的直径和周长,得出的结论都是一样的。这究竟是为什么呢?这个问题一直困扰着他。他决心解开这个谜。

长大后,祖冲之在华林学省(专门进行学术研究的官署)工作。有一天,祖冲之在家看刘徽为《九章算术》作的注解。看着看着,他突然大声赞叹道:"真了不起!"在一边专心致志看书的儿子被这突如其来的声音吓了一跳,忙问:"谁了不起了?""我说刘徽了不起!"祖冲之的眼睛仍然盯着刘徽为《九章算术》作的注解。"他有什么地方了不起呢?""他用极限观念建立了'割圆术'。""割圆术?"儿子茫然地望着父亲。"对于圆面积、圆柱的体积和球的体积计算都要用到圆周率,原来似乎没有科学的计算方法。可是刘徽提出的割圆术,却是很好的算法。你看!"祖冲之指着手里拿着的刘徽为《九章算术》作的注解,滔滔不绝地给儿子讲着。

所谓"割圆术"就是通过圆内接正多边形细割圆,并使正多边形的周长无限接近圆的周长,进而来求得较为准确的圆周率。祖冲之非常佩服刘徽,但刘徽计算圆周率时只分到九十六边形,得出3.14的结果后就没有再算下去。祖冲之决心按刘徽开创的方法继续算下去,以求得更精确的结果。祖冲之在房间地上画了个直径为1丈的大圆,又在里边做了个正六边形,然后摆开他自己做的许多小木棍计算起来。

此时,祖冲之的儿子祖暅已经13岁了,他也跟着父亲一起研究。两人废寝忘食地计算了十几天才算到九十六边形,结果比刘徽的少0.000002丈。祖暅对父亲说:"我们计算得很仔细,一定没错,可能是刘徽错了。"祖冲之却摇摇头说:"要推翻他一定要有科学根据。"于是,父子俩又花了十几天的时间重新计算了一遍,结果证明刘徽是对的。为避免再次出现误差,他们每一步都至少重复计算两遍,直到确认两遍结果完全相同才继续往下算。祖冲之从一万两千两百八十八边形,算到两万四千五百七十六边形,两者相差仅0.0000001。祖冲之知道从理论上讲,还可以继续算下去,但实际上已经无法计算了,只好就此停止。至此,他得出圆周率必然大于3.1415926小于3.1415927的结论。直到1000多年后,德国数学家鄂图才得出相同的结论。

就是这样一位伟大的科学家,小时候却经常挨打,也曾被斥责为"笨蛋"。祖冲之的父亲祖朔之望子成龙心切。在祖冲之8岁时,父亲就逼迫他背诵《论语》。两个月过去了,祖冲之只能背诵十多行,气得父亲把书摔在地上,怒气冲冲地骂道:"你真是一个大笨蛋啊!"正在这时,祖冲之的

爷爷来了。祖冲之的爷爷名叫祖昌,在朝廷做官,负责监管朝廷建筑的建设进度。爷爷问明原因后,严厉地批评了祖朔之:"经常打孩子,不仅不能起到任何好的作用,还会使孩子变得粗野无礼。"祖朔之觉得父亲的话有道理,同意不再把孩子关在书房里念书,还建议爷爷带着祖冲之到他负责的建筑工地上去开开眼界。

祖冲之随爷爷到了工地上,觉得非常有意思,问这问那,兴趣盎然。有一次,祖冲之问爷爷:"为什么每月十五日的月亮一定会圆呢?"爷爷解释说:"月亮运行有它自己的规律,所以有缺有圆。"祖冲之越听越有趣,从此,经常缠着爷爷问个不停。爷爷便对祖冲之说:"孩子,看来你对经书不感兴趣,对天文却是用心钻研。正好,咱们家里的天文历书多得很,我找几本你先看一看,不懂的地方问我。"爷爷经常给祖冲之讲一些科学家的故事。此时,祖朔之也改变了对儿子的看法,每天教孩子天文学知识,有时祖孙三代一起研究天文学知识。如此一来,祖冲之对天文历法的兴趣越来越浓了。谁也没想到,后来祖冲之会创立接近现代历法的《大明历》。

有一次,祖冲之在自己的书房中翻阅古人制定的历书,他发现19年7闰,闰数过多,在200年内,就要比实际多出一天来,"看来19年7闰的旧章法,是非改不可!"他自言自语地咕哝着。祖冲之决定自己去观测，用实际观测得来的数据，重新计算。

祖冲之立起了一个8尺高的圭表，观测日影的长度。他每天坚持量圭表，夏天脸晒黑了，冬天手冻裂了口，但观测册上却记下了一个又一个重要数据。他还设计了用来计时的漏壶，在记下日影长短的同时，也记下了相应的时间。一年、两年过去了，祖冲之的书房里到处堆的都是用来记录观测数据的竹简，书房变得十分拥挤。祖冲之苦苦思索着，仔细分析着，考虑又考虑，计算又计算，核对又核对，不断提高测算精度。最后他制定的《大明历》岁实取365.24281481日，与现代天文学所测结果仅有六十万分之一的误差。在古代仪器设备十分简陋的情况下，祖冲之经过长期的实际观测，推算出一个交点月的日数为27.21223日，和现在所测得的一个交点月的日数仅差不到两百七十万分之一。在1500多年前，得出这样精确的结果实在惊人。

祖冲之不仅对数学、天文、历法进行过广泛的研究，取得了卓越的成就，他对机械制造也有较为深入的研究。他发明和制造的"千里船""水推磨""计时器"等都极大地推动了当时生产的发展。

祖冲之为世界数学史和文明史的发展做出了伟大贡献,是中华民族的骄傲。

**刘徽**　刘徽是我国魏晋时期伟大的数学家,中国传统数学理论的奠基者。刘徽的代表作是《九章算术注》。在《九章算术注》中,他定义了许多重要数学概念,以演绎逻辑为主要方法全面证明了《九章算术注》的算法,驳正了其中的错误或不精确之处。

\* \* \*

祖冲之虽已去世1400多年,但他广泛吸收古人成就而不为其所拘泥、艰苦劳动、勇于创造和敢于坚持真理的精神,仍旧是我们应当学习的榜样。

——华罗庚

## 梦溪园里的科学史坐标

北宋年间,江苏镇江朱方门外,竹影摇动、溪水潺潺。这个世外桃源般的庭院被它的主人称作"梦溪园",它的主人就是沈括。当代英国著名科技史专家李约瑟曾说沈括是"中国整部科学史中最卓越的人物"。晚年退出政坛、隐居在梦溪园的沈括,潜心笔耕,写出了《梦溪笔谈》,独有创见,被称作"中国科学史上的里程碑"。《梦溪笔谈》共26卷,每卷分若干条。全书三分之一以上的条目与科学技术有关,充分显示了作者的博学多闻和旷世才华。该书内容丰富,涉及数学、物理、化学、天文学、生物医学、工程技术等多个学科。

沈括出生在官宦世家,家境殷实,有机会四处游览。沈括很喜欢这样的生活,能够了解各地的风土人情,了解

祖国的大好河山。更难能可贵的是,沈括特别喜欢琢磨。有一次,小沈括看到白居易的一首诗中有一句"人间四月芳菲尽,山寺桃花始盛开"。当时正值四月暖意浓浓的暮春时节,沈括自家院子里的花已经凋谢,树木长出绿油油的叶子。所以,他觉得白居易所写的这句诗描述的现象非常不合理,就去问母亲。沈括的母亲出身士大夫家庭,性情温柔,知书达理。她并没有直接给儿子解释,而是进一步启发他,说:"既然你觉得不合理,自己到山上去看一看,不就知道了。"她还特别补充说:"山上风大天气凉,要多穿点衣服。"沈括约上小伙伴到城外去春游,当他们爬上山坡,看见野山桃花开得正艳,从这个山头看到那个山头,像是一片片红色的云霞。引起大家一阵阵感叹。沈括心想,原来白居易的描述是准确的。但是为什么山上的花会比自家庭院里的花开得迟呢?正在这时,一阵山风吹来,沈括感到阵阵寒意。有个小伙伴说:"这里好冷,还是早点下山,别着凉了。"说者无意,听者有心,沈括顿时恍然大悟:原来山上的温度低,春天来得迟,花自然开得迟。

　　少年时,沈括跟随做官的父亲游历各地。当他们居住在福建泉州时,有一次听说江西铅山县有一泓青绿色的泉水,喝起来有种很苦的味道,就像是黄胆水,当地村民把这股泉水称为"胆水"。实际上,"胆水"就是硫酸铜溶液,呈现出硫的黄色和铜的绿色。后来,仔细的村民发现将"胆水"放在铁锅中熬煮可以炼出铜。原来,硫酸铜溶液在被煎熬的过程中产生了硫酸铜,村民将其称作"胆矾",而硫酸铜与铁产生了化学反应,析出了铜。沈括听了这件事,很感兴趣。他跑到铅山县,亲眼看到了村民操作的"胆水炼铜"的过程。后来,沈括在《梦溪笔谈》中把这段经历记录了下来。

今天的石油也是沈括发现并命名的。有一次,沈括在书中读到"高奴县有洧水,可燃"。他觉得很奇怪,后来进行了实地考察。在考察时,他发现这种水是一种褐色黏稠液体。因为可以点燃,当地人用它烧火做饭、点灯和取暖,并叫它"石漆""石脂"。沈括把这种液体命名为"石油",并把它的用途和特点记录了下来。

天有不测风云。沈括刚满18岁的时候,父亲去世了,家里的经济压力骤然增大。沈括不得不外出谋生,在海州沭阳县(今江苏沭阳)当起了主簿。从那时起,工作占用了这位天才科学家的大部分时间,但是不管多忙,沈括都不曾放弃过科学研究。在沭阳县任主簿的时候,沈括组织几万民工修筑渠堰,开垦出7000顷良田,使百姓免受水患的威胁,造福一方百姓。沈括在任宁国县令的时候,倡导并且主持了今安徽芜湖地区的万春圩修筑工作,开垦出能排

能灌、旱涝保收的良田1000余顷。后来,沈括还主持了河南汴河的水利建设,在修建完汴河水利工程后仅仅四五年时间,就引水灌田17000多顷,贡献巨大。

在天文学方面,沈括发明了"十二气历"。按古代历法,农历和公历每年相差11天多。沈括经过周密的考察研究,提出了一个大胆的主张:废除农历,采用公历,以节气定月,大月31日,小月30日。这种历法对于农民安排农事十分有利。在沈括之后900年,英国气象局才开始使用以节气定月的"萧伯纳历"。如今,沈括所提倡的公历法的基本原理,已被世界各国接受。

沈括对数学也有着独到的研究。刚过而立之年的沈括,才华出众,上司非常赏识他。于是,上司想把自己才貌双全的女儿嫁给他。有了这样的想法,这位上司就开始关注沈括的一举一动。他发现沈括常常去酒馆,而且常常待到很晚,回到家就闭门不出,像是因为喝醉了不省人事。上司觉得,这样一个有前途的年轻人因为酗酒耽误了自己,实在不值得,就决定去跟他好好谈一谈。他来到沈括的住所,推开门一看,发现沈括正在摆弄酒杯,而且这些酒杯被层层摞起来,很壮观。沈括见上司一脸疑惑地站在门口,连忙解释。原来,有一次,沈括发现酒馆老板为了节省空间,把很多酒桶堆在一起,堆得很高。沈括对这个酒桶堆产生了兴趣,就天天过去观察。他发现酒桶堆从底层向上,逐层减少一个,看上去侧面是斜的,中间自然形成空隙,这其实就是数学上所说的"隙积"。数学上把计算中间空隙体积的方法,叫作"隙积术"。上司听了沈括的解释,更加欣赏他的专注与用心,很快便将他招作自己的女婿。沈括便是第一个发明"隙积术"的人。

结婚之后,沈括和妻子夫唱妇随、志趣相投。有一天,一支迎亲的队伍从沈括家门前经过,敲锣打鼓,好不热闹。正好此时沈括的妻子推开房间的门,桌上的古琴突然发出"铮铮"的声音,把她吓了一大跳。妻子跟沈括说了这个情况。沈括微笑不语,他要给妻子做个实验来解释。沈括又拿来一把古琴,用剪刀剪了个小纸人,将小纸人贴在琴弦上。然后他走到另一把没贴小纸人的古琴旁,用力拨动琴弦,结果,那贴在古琴上的纸人竟颤颤巍巍地跳动起来,古琴也发出"铮铮"的声响。这其实就是现在声学上所说的共振现象。有资料显示,沈括为研究琴瑟谐振现象而做的这种小实验,欧洲人直到17世纪才想到。

沈括注重考察国家地形特点,形成了自己的地理学说。在宋代,因测绘技术不高,绘制地图用的是"循路步之"法,也就是沿路步行丈量,用得出的数据绘制地图。由于道路弯弯曲曲,山川高低错落,用"循路步之"法绘制的

地图与实际地形有很大的差别。他后来又采用"取鸟飞之数"法绘制地图,有点像航空拍摄,使得地图的精确度大为提高。沈括还考察了浙江的雁荡山,断定雁荡山的凌空巨石是雨水千百年冲刷的结果。他考察了黄河三角洲,并提出三角洲是黄河泥沙淤积而成的。他的地理学说与他绘制的《大宋天下郡守地图》在北宋与辽国边界的谈判中发挥了重要作用。

为了纪念这位伟大的科学家,江苏省镇江市部分地恢复了沈括居住过的梦溪园的面貌。梦溪园原来面积10亩左右,园里有亭台楼阁,还有一条溪水流经园内。恢复后的梦溪园是原来梦溪园的一部分,面积减少到之前的五分之一,里面展出了沈括雕像和文字图片、实物等,吸引着各地游客前来观看。

**十二气历** 十二气历是北宋科学家沈括创制的一种阳历。它以二十四节气为依据,以节气定月序,十二气为一年,即一年12个月,大月31天,小月30天,一般大小月

相间。这种历法制度既简单,又便于人们安排各种生产活动,是一种很有科学价值和实用意义的历法。

❈❈❈

爱好出勤奋,勤奋出天才。

——郭沫若

## 医学"百科全书"

明代医药学家李时珍的《本草纲目》从17世纪初开始,就在医药学界享有盛名,被公认为"东方医学的巨典"。19世纪著名生物学家达尔文对《本草纲目》有过评价,说它是"中国古代医学的百科全书"。

李时珍出生在一个医学世家,父亲李言闻深得家传,加之勤奋刻苦,博览经史,曾考中过贡生,还因医术精湛而出任过太医院官员。在蕲州一带,提起李言闻,无人不知,无人不晓。然而在当时,医生被豪绅贵族视为"下九流",社会地位十分卑微。李时珍的父亲对自己所受到的歧视记忆深刻,不愿让儿子重蹈覆辙。在李时珍出生后,父亲对他寄予厚望,希望他可以跳出医门。

李家世代居住的蕲州是山清水秀的鱼米之乡。李时珍的父亲在自家庭院里种植了许多药用花草，用以研究药学。在父亲的影响下，李时珍从小就和这些草木结下了不解之缘。他关注这些草木的生长，了解这些草木的特性，目睹父亲怎样把它们制成草药，悬壶济世。李时珍从小就聪敏过人，然而他对科举考试却始终不像对医学那样痴迷，虽然14岁就考中了秀才，但是多次乡试都名落孙山。最后，父亲也放弃了自己最初的想法，让李时珍自由发展。自此，李时珍放弃了功名，一心一意和哥哥一起继承父业，成为一名乡野医生。

20岁时，李时珍就有了写作《本草纲目》的想法，他最终用27年时间完成了《本草纲目》的编写工作，可以说《本草纲目》是李时珍一生所学的结晶。而李时珍创作《本草纲目》的想法是源于一场水灾。

李时珍20岁那年，蕲州发生了一场严重的水灾。滔滔洪水冲决了河堤，蕲河两岸顿时变成一片汪洋。大灾之后必有大疫。当乡亲们流离失所的时候，瘟疫开始蔓延，无情地吞噬着无辜的生命。救人如救火，李时珍和父兄一起天天忙得无暇休息，目睹百姓的痛苦，李时珍心如针扎。

一天，一个年轻人激动地拉着一个江湖医生来找李时珍，气愤地说需要李时珍给评评理。原来这个年轻人的父亲生病了，找到这个江湖医生医治，没想到按这个医生所

开药方抓药吃了之后,病情非但没见好转,反而加重了。年轻人找到这个医生理论,但是这个医生坚称自己没有弄错,两个人僵持不下,只好找李时珍评理。李时珍先让这个年轻人冷静下来,思考了一会儿后,对年轻人说:"把你父亲煎的药渣拿来给我看看。"药渣被拿来后,李时珍抓起一把,仔细闻闻,又放在嘴里嚼嚼,他问江湖医生说:"你的药方用了虎掌么?"江湖医生一听,连忙否认:"没有,没有,我没有开过虎掌。""那一定就是药铺的问题了!"年轻人听了李时珍的话,边嚷嚷边准备往外奔。李时珍连忙劝住他说:"也不是药铺的错,这是古医书的错误,因为古医书上把漏篮子和虎掌混为一谈了。""对,我开的是漏篮子!"江湖医生赶忙插了一句。这时年轻人才明白医生开的方子没错,错的是古医书。

又有一次,一位医生为一名身体虚弱的人开药方,用了一味叫"黄精"的补药,病人服药后不久就死了。还有一次,一位精神病人吃了医生开的一味叫"防葵"的药,也莫名其妙地送了性命。这一桩桩药物害人事件,引起了李时珍的注意。他发现,问题都出在古医书上,有几种古医书把防葵和狼毒、黄精和钩吻说成是同一药物,而狼毒、钩吻毒性都很大,人服用后会丧命。古代医药书籍中确实有宝贵的经验和丰富的知识,然而也存在纰漏。人命关天,如果医生、药铺按照古代医药书籍开方抓药的话,轻者会耽误别人的病情,重者则害人性命。李时珍觉得应该系统地修订一下古医学典籍,他认为这会是一件造福后世的有意义的事情。

但是该如何操作呢?李时珍觉得无从下手,便先和父亲商量。听了儿子的想法,父亲语重心长地说:"你重新修订古代医药书籍的想法固然很好,可是难啊!这需要大量的物力和人力,恐怕仅凭你个人力量很难完成,最好能够取得朝廷的支持。更重要的是,关于本草的古医药书籍相当多,你涉猎得还不够广,研究得还不够深入,还没达到修订古代医书的水准。还是要多读医书,打好基础之后再做打算。"犹如黑夜中的航船发现了指引方向的灯塔,李时珍觉得父亲的话很有道理。之后的10年时间里,他遍览历朝历代医学大家的医药典籍和医药著述,研究各类花草树木的特性,做的笔记装了满满几个柜子,为修订古代医书积累了大量珍贵的素材。

公元1551年,时年33岁的李时珍被明宗室武昌楚王聘到王府主管祭祀礼仪和医务。李时珍本来并不愿意与皇亲国戚交往,但考虑到楚王或许会帮忙说服朝廷支持重修古代医书,于是就整理好行装进了王府。不多久,由于治愈了楚王世子的病症以及其他不少人的疑难杂症,李时

珍被举荐进入太医院担任医官。太医院是大明王朝的中央医疗机构,拥有许多外界罕见的珍贵医书资料和药物标本。李时珍大开眼界,一头扎进书堆,夜以继日地研读、摘抄和描绘药物图形,努力汲取前人留下的医学精华。同时,他也多次向太医院的上司和同仁提出重修古代医书的设想,然而,他的想法遭到了无端的讥讽挖苦和打击中伤。终于,李时珍明白在太医院并不能实现自己的理想,修订古代医书无法依靠朝廷,只能靠自己。所以,他毅然告病还乡。

  在回乡的路上,李时珍看见几个车夫把一些粉红色的草花放在锅中煎煮,并服用。他仔细一看,发现只不过是南方到处可见的旋花,但他不知道这些车夫为什么要服用这旋花水。李时珍就上前询问原因。一位车夫说,这旋花水能治疗盘骨病,由于车夫们每天在野外从事重体力劳动,风里来雨里去,盘骨多半落下了伤痛。不知道从何时起,大家都知道煎服旋花水能缓解伤痛,事实证明这个方法也确实有效。李时珍一听,连忙把这种草药的形状、药性记录下来。这件事也启发李时珍要注意从民间寻找药方。

  回到家之后,李时珍开始着手重修古代医书。虽然准备了很多年,刚开始写得也比较顺利,但是后来李时珍还是碰到了难题。"本草"是古代药物学的代称,包括花草果木、鸟兽鱼虫和铅锡硫汞等众多植物、动物和矿物药,品种繁多。但是其中绝大多数是植物,可以说是以植物为主,所以人们又将药物直称为"本草"。在李时珍之前,已有不少本草专著问世。李时珍虽然挑起了这副重担,并意识到了它的分量,却未料药物品种这么多,对它们的性状、习性和生长状况,很难做到全部心中有数。而且李时珍还发现,如果不一一亲身实践查看,只是抄录书本内容的话,很可能会以讹传讹。比如蕲州三大特产之一的白花蛇,是主治癫癣、惊搐、风痹等疾病的贵重药品。而李时珍从药贩子那儿买来的,却是另一种冒名的蛇,跟书上的描述很不一样。为了亲眼见识一下白花蛇的模样,李时珍跟着捕蛇人上山捕捉到一条,仔细一看,果然和书上讲的一模一样。

　　从此以后,李时珍走出家门,深入山间田野,实地对照,辨认药物,甚至亲身涉险尝试药物。有一次,李时珍来到植被丰富的武当山,发现并采集了一些名贵药物,当年被华佗用于配制麻沸散的曼陀罗花也在这里被发现,只可惜麻沸散的药方早已失传了。为了弄清曼陀罗花的毒性,取得可靠的配方,李时珍冒着生命危险,亲口尝试,证实了它的麻醉作用,并把它同火麻子花混合,制成了手术用的

麻醉剂。就这样，李时珍一路考察，一路为父老乡亲们治病，同时也从民间学习各种偏方。他的考察足迹遍及湖广、江西、江苏、安徽等地，行程几万里。行程中碰到的农人、渔人、猎人等各行各业人士，无不成为他的朋友和老师，为他提供了许多古书上不曾记载过的药物知识。

几十年如一日，李时珍在医学的道路上艰难跋涉，终于实现了他梦寐以求的理想。1578年，具有划时代意义的药物学巨著——《本草纲目》终于完稿了。这部旷世名著有190多万字，每个字都浸润着李时珍的心血。《本草纲目》中编入药物1892种，其中新增药品374种，并附有药方11000余个，插图1100余幅。其规模之大，超过了过去任何一部本草学著作。它涉及植物学、动物学、矿物学、化学、天文学、气象学等领域，内容丰富。它的内容编排系统、严谨，对前人漏误进行了有理有据的纠正，对前人医学成果既有继承又有发扬。如今，在蕲州雨湖岸旁的李时珍墓前，有一个用花岗石砌成的墓门，横梁上镌刻着"科学之光"四个大字，这是华夏子孙对他的最高赞誉。

**麻沸散** 麻沸散是世界上最早的麻醉剂,比西方早1600多年。麻沸散是汉代华佗发明的一种全身麻醉方剂,主要用于外科手术。很可惜,华佗创制的麻沸散处方失传了。传说麻沸散是由曼陀罗花、生草乌、当归、香白芷等6味中药组合炼制而成。

✻ ✻ ✻

凡大医治病,必当安神定志,无欲无求,先发大慈恻隐之心,誓愿普救含灵之苦。

——(唐)孙思邈

## 大航海时代的开启者

　　1405年,苏州的刘家港人山人海,老百姓都自发前来观看即将起航下西洋的郑和船队。62艘宏大的"宝船"整齐地排列在气势雄伟的长江边,船上27400多名队员服饰统一,出征前的场面极为壮观。远洋的一切工作准备就绪,郑和一声令下,起碇开航,浩浩荡荡顺长江而下,驶出宽阔的长江口,进入东海。

　　早在距今7000年前的新石器时代晚期,中华民族的祖先就已能"刳木为舟,剡木为楫",开始了海上航行。到了夏商周时期,人们制造的木板船可以航行到现在的朝鲜半岛。经过春秋战国航海技术的沉淀,到秦汉时期,出现了船队东渡日本,而在西汉时期,海船已经能够远航印度洋。唐朝国力昌盛、经济发达,海上丝绸之路兴起,罗盘等航海仪器被广泛应用,造船技术空前发展,我国与外界尤其是东南亚国家的交流贸易日益频繁。宋朝时,我国已经成为世界上最先进的航海国家。后来出土的南宋古船"南海Ⅰ号"充分证明了南宋时期我国经济与航海技术的辉煌。经历了宋元两代的中国古代航海事业,在明代发展到鼎盛。

每个中国人都知道郑和七下西洋的故事。据史料记载,郑和身材魁梧、五官端正、眉目分明,是一位气宇轩昂的美男子,眉宇间还有点异域风情。与郑和的长相一样,郑和的人生也充满异域风情。

北宋年间,郑和的十世祖来中国朝贡,并申请归诚,神宗封他为宁彝侯。郑和的五世祖被封为咸阳王,驻镇滇南。从此,他们成了云南的大姓贵族。虽然变成了地道的中国人,但他们依然信奉伊斯兰教。当郑和还是一个孩子的时候,就特别喜欢听父亲讲去麦加朝圣的种种见闻。郑和下定决心长大后要亲自去朝圣,为此他努力阅读相关典籍,刻苦学习划船、游泳技术。

1385年,明朝洪武皇帝朱元璋出兵平定云南,11岁的郑和被俘虏,并被阉割。家破人亡、身心俱疲的小郑和还要随着明军征战南北。这个孩子吃尽了苦头,但也迅速成长。16岁时,他见到了当时的燕王,也就是后来的永乐皇帝朱棣,并被选为燕王的贴身侍卫。1402年7月,朱棣登

基,郑和任内官监太监,相当于正四品,成为地位显赫的大内太监。1404年,原名马三保的郑和被赐姓"郑"。从此,他改名为"郑和"。在古代,被赐姓是一种莫大的荣耀,而宦官被赐姓更是少见,可见明成祖对郑和的倚重与信任。

1405年,明成祖命郑和率领27400多名船员乘坐240多艘海船开始远航。

中国古代航海技术主要包括造船技术、导航定位技术、船舶驾驶技术等。郑和下西洋使用的航海技术代表当时世界上最先进的水平。无论是在定向、计程、测深方面,还是在线路设计、海图记载方面,都居世界领先地位。

在准备第一次远航时,明成祖召集全国各地的能工巧匠,花了两年时间,在南京、太仓等地建造了62艘巨型海船,人称"宝船"。中国古代造船技术居世界领先地位,并对其他国家造船技术的发展产生了深远的影响。在明代,造船技术空前高超。明朝造船工场有配套的手工业工场,加工帆篷、绳索、铁钉等零部件,还有堆放各种材料的仓库。当时造船材料的验收,以及船只的修造和交付等,也都有一整套严格的管理制度。

牵星定位术和罗盘的应用,使得远航有了正确的方向指引。牵星定位术主要用来确定船舶的航行位置,是一种利用天文状况来进行测位的航海技术,即在船上利用牵星板来观察某一星辰的高度，借以确定船只所在的地理位置。这种定位技术特别适用于在深海中航行。郑和航海时，尚无360度为一周的观念。当时使用的是书刻有24个方位的罗盘。罗盘上正北、北北东、东北、东东北等方向都有了，在木帆船时代，这样的罗盘已算是很精确的了。当时的罗盘指针扎于灯芯草上，浮于罗盘内水面上。虽有风浪颠簸，也不易脱针，能够保证正确指向。

明人对海上风云气候、海流潮汐的变化规律也十分熟悉。《顺风相送》和《指南正法》中就记载了许多气象内容，如《顺风相送》中有"逐月恶风法""定潮水消长时候""论四季电歌""四方电候歌"等内容，它还对海洋气象的风雨规律做了详尽的记述。

进行大海航行，必须了解航路的地形水势，掌握航道的水深及暗礁浅滩。虽然宋元时期已有航海图样问世，但主要用于沿海航行，远洋航海并未涉及。到明代，航海图的绘制水平已经很高，而且涉及海外远洋地区。郑和多次远洋留下了丰富的航海资料，《郑和航海图》自南京开始，一直至东非沿岸，遍及广大西太平洋与印度洋海岸地区，航海图记载了500多个地名，并绘有线路、各处星位高低位置。

郑和船队组织严密，配套科学，由宝船、战船、座船、粮船、水船等组成。郑和船队有240多艘船，其中有62艘宝

船,这种宝船长约147米,最大宽60米,可载450～500人。船尾有三层甲板,甲板下又有数层。船队还有两千料海船和八橹船,两千料海船排水量为1000余吨,八橹船是小型海船,帆橹兼用,有风驶帆,无风荡橹,适合于在港湾、内河和无风的条件下使用。庞大的船只编队利用令旗、夜灯、鼓点和信鸽等传递信息。科学的编队和信息传递系统使远洋船队达到空前的规模。

郑和船队本着睦邻友好的原则,与其他国家既加强了贸易往来,又结下了友谊。在马六甲,拜里米苏拉甚至同意他们的船队在当地沿岸地区建造一个仓库式的小城,作为航行的补给与运输的中间站。郑和七下西洋不仅带回了许多珍贵的贡品,记录了30多个国家的风土人情和地理状况,还吸引了众多外国人士慕名访问中国。

英国的专家认为,郑和船队先于哥伦布发现了美洲大陆、大洋洲等地。1405年之后的28年间,郑和七次奉旨率船队远航西洋,航队从西太平洋穿越印度洋,直达西亚和非洲东岸,途经30多个国家和地区。他的航行比哥伦布发现美洲大陆早87年,比达·伽马的航行早92年,比麦哲伦的航行早114年。在世界航海史上,他开辟了贯通太平洋西部与印度洋等大洋的直达航线。今天的西方学者也承认,郑和所率领的船队,从规模到实力都远远超出当时的其他国家的船队。

**伊斯兰教** 伊斯兰教是世界性的宗教之一,与佛教、基督教并称为"世界三大宗教",其信徒被称为穆斯林。伊斯兰教规定念清真言、礼拜、斋戒、纳天课、朝觐等为教徒必遵规范。主要节日有开斋节和古尔邦节。主要教派有逊尼和什叶两派,分布于亚洲和非洲。

❋ ❋ ❋

国家欲富强,不能置海洋于不顾。财富取之于海,危险亦来自海上。

——(明)郑和

## 中国第一位飞机设计师

人们都知道飞机的发明制造者是美国的莱特兄弟,实际上,和莱特兄弟同时代的一位中国青年——冯如,他完全依靠自己的聪明才智,设计、制造和驾驶了中国历史上的第一架飞机,仅比莱特兄弟晚5年。

1884年,冯如出生在广东省恩平。冯如的父亲冯业伦是个头脑灵活的农民,除了种田,还兼做肉贩子,农闲时也做些采集、贩卖中药材、稻谷等小买卖,但是家庭并不算宽裕。虽然小时候的冯如是个放牛娃,并没有接受良好的家庭教育,但他聪明伶俐,深受老师的喜爱。老师喜欢给孩子们讲《封神演义》里的故事,冯如特别喜欢其中两个有翅膀的飞人辛环和雷震子"四翅在空中,风雷响亮冲"的故事,中国古人的飞天梦想激励着冯如幼小的心灵。小时候的冯如喜欢自己动手创作,他利用虹吸管往自家稻田里注水,用火柴盒制作车船模型。最让人津津乐道的是他做的翼端呈椭圆形的大型风筝,可以飞到近百米的高度。随着年龄的增长,冯如的飞行梦更加清晰。

12岁的时候,冯如在美国旧金山创业的舅舅回家省亲。舅舅想把冯如带到美国去谋生。父母当然舍不得让他离开。但是冯如听人说美国科学进步,他想出去看一看、瞧一瞧,开阔一下眼界。下定决心后,冯如恳求父母让他去美国,他想出去干出一番事业后再回家尽孝。1894年,冯如踏上了美国旧金山的土地,开始了他的新生活。

美国旧金山是一座美丽的城市,它是美国西部重要的金融中心和贸易港口。冯如先是在当地的教会做童工,晚上上夜校读书,并开始学习英语。冯如看到美国工业发达,工厂星罗棋布,到处都有高耸的烟囱,和家乡有天壤之别。冯如明白,中国只有学习西方,发展工业,利用机器进行生产才能富强起来。所以,他决定学习机器生产和制造。

1899年,冯如在家人的催促下回国结婚。婚后他又回到美国,来到纽约西部最大的船厂打工。当时的美国人歧视华人,华人工资比白人低,有时工厂主人还会不明不白地把中国工人开除。瘦弱的冯如辗转在电厂、机械厂打

工。就是在这种恶劣的环境下，冯如奋发向上，拼命地学习。5年后，冯如已成为一位小有名气的机器制造家。他通晓36种机器的制造方法，还发明制造了抽水机和打桩机。他设计制造的无线电收发报机由于性能良好，深受用户的欢迎。

正当冯如潜心研究和制造机械的时候，传来了日本帝国主义强占中国旅顺口、大连和中东铁路的消息。1904年到1905年，日本和沙皇俄国为了争夺在中国东三省的特权，打了一场"狗咬狗"的战争。后来在美国的干涉下，这两个国家重新分割利益，而清政府面对这一切没有任何主权可言。一直心系祖国的冯如感到十分痛心，他发誓要用自己的一技之长报效祖国。

冯如具有超乎常人的预见力和想象力。在1903年莱特兄弟发明了飞机之后，各国纷纷开始研制飞机、飞艇等国防装备。他对自己的助手朱竹泉说："日俄战事不利于祖国，但此竞争时代，飞机为军事上不可或缺之物。"他认为清政府与其拿百万金钱制造一艘军舰，不如造一架飞机。1906年，冯如下决心要用毕生的精力为国家研制飞机："我就发誓研制飞机，飞机研制不成，我宁可死掉。"

冯如遇到的第一个困难就是缺钱，因为研制飞机需要大量的资金投入。冯如变卖了自己的值钱物件，但资金缺口仍然很大。正当冯如一筹莫展的时候,他得到美国当地华侨的支持。华侨们听说冯如要为祖国造飞机,都非常感动,愿意支持他。于是,冯如凑集资金1000多美元,办起了中国人的第一家飞机制造公司。

1907年9月,冯如和他的助手租了一间厂房,开始了研制工作。当时,莱特兄弟的飞机刚刚起飞没有多久,为了保持垄断地位,他们把所有资料都封锁起来。冯如和他的助手们只能靠自己掌握的空气动力学的知识,白手起家绘制设计图纸。冯如疯狂地投入工作,他阅读了大量的航空资料。同时,他还观察老鹰和其他鸟类飞行的姿态,甚至还逮了鸽子用尺子量,看它的翅膀和身体重量的比例,用类似仿生学的研究办法,积累了大量的资料。冯如和他的伙伴起早贪黑,没日没夜地干着,攻克了一个又一个技术难关。经过半年的努力,第一架飞机——"冯如1号"终于制作出来了。看着自己研制的飞机,冯如兴奋得流下了眼泪。

1908年4月,冯如在奥克兰附近一个圆形山丘旁进行了第一次试飞。这是一个远离居民点的地方,在场的观众除记者外,只有冯如的3个助手。为了安全起见,助手劝他不要亲身试飞。冯如说:"生命不足惜,只要中国的飞机能够飞上天,死也值得。"伴随着"轰轰"的马达声,飞机

离开了地面。当升至数丈高的时候,飞机突然坠落。围观的人呼唤着冯如的名字,向飞机跑去,发现幸运的冯如安然无恙地从残损的机翼下钻了出来。只见他从容自若,面不改色,对走过来的助手们说:"看来我们还要再一次从头开始。"9月21日,冯如在哥林达市再次驾机试飞。飞机在他的操纵下,腾空而起,在飞行了790多米以后缓缓降落在草坪上。"成功了!我们成功了!"围观的朋友们欢呼起来,他们拥向飞机,把冯如高高举起。这架飞机从设计到试航成功,仅用了一年零两个月的时间。这是中国人第一次的成功飞行。

试飞成功后,冯如继续进行飞机的研制工作,到1910年2月,他们又造了4架飞机,但全部没有达到预期的效果。可是冯如毫不气馁,继续钻研。不料飞来横祸。1910年,一场大火将冯如的图纸资料和公司烧了个精光。此时,冯如接到了父母的家书,希望他回家。大家都以为冯如会就此放弃,但是冯如坚定地对助手说:"不管遇到什么困难,我还是那句话,飞机造不成,我宁愿死!飞机造不成,我誓不回国!"

冯如千辛万苦地又一次筹到资金,重新购置了工具器材,在奥克兰的麦园支起了帐篷,继续研制飞机。他们搜集了大量的资料,重新设计了零件制作图,生产出机翼、方向舵、螺旋桨、内燃机等部件，经过组装，一架全新的飞机诞生了。经测定，这架飞机首飞高度达到800多米，比莱特兄弟的首飞纪录高540多米。几天后，旧金山的一家报纸报道了这次试飞的消息，标题是《中国人的航空技术超过西方》。为了争取更多人的支持，冯如安排了多次飞行表演。孙中山先生看到冯如的成功表演时，感叹道："中国大有人才呀！"

随后，冯如又设计和制造了一架性能更好的飞机——"冯如2号"。这架飞机机翼长9米左右，翼宽1.4米左右，内燃机30马力，螺旋桨每分钟转动1200转。1910年10月，在旧金山举办的国际飞行比赛上，冯如驾驶着他的飞机参赛，打破了一年前在法国举办的第一届国际飞行比赛的世界纪录，荣获优等奖，再一次证明中国人的航空技术超过了西方。冯如成为举世公认的飞机设计师、制造家和飞行家。

为了争夺制空权，欧美各国都在积极发展航空事业。冯如的名气越来越大，不惜重金聘用冯如的外国公司越来越多。但冯如都回绝了，并努力寻找机会为祖国服务。

在冯如创办飞机公司时，清政府也在着手筹建空军，他们托人到美国找到冯如，希望他回国为国家做贡献。冯如喜出望外，当即表示同意。他说："为祖国贡献出我菲薄

的才智,正是我平生的愿望呀!"

1911年2月,冯如和他的助手携带着他们自制的两架飞机以及制造飞机的机器,准备回国。当时全世界已有860多架飞机,这些飞机绝大多数掌握在西方列强手中,而中国一架也没有。在回国途中,冯如望着波涛滚滚的太平洋,他发誓要"壮国体",发展祖国的航空事业,尽快使祖国富强起来。

一个多月后,冯如一行人顺利抵达香港。清政府派了"宝璧"号军舰迎接,将飞机和机器安置在广州郊外。冯如原准备在广州郊外为国民演示飞机驾驶,但因黄花岗起义爆发,计划未能实现。随着革命高潮的到来,昏庸和腐败的清政府对冯如越来越不放心,不仅取消了冯如的飞行表演计划,还派人监视冯如的行动。这一切都使冯如深感失望。

正当冯如感到非常苦闷的时候,辛亥革命爆发了。冯如被任命为广东革命军飞机长,他是中国第一个飞机长。冯如组织了北伐飞机侦察队,加紧制造飞机,准备北伐。他率助手用了约3个月的时间,制成了一架飞机。这是在中国国内制成的第一架飞机,揭开了中国航空工业发展新的一页。飞机制成后,冯如还没有来得及带着它北上作战,清朝末代皇帝溥仪便宣布退位,清政府垮台。冯如虽然没有北上参战,但他以著名的飞行家身份担任广东革命军飞机长一事,有力地壮大了革命声势,意义重大。

为了争取更多国人对航空事业的支持,冯如于1912年4月,在广东华侨最多的台山县城南门桥表演飞行,这是中国人第一次驾驶自制的飞机在祖国领空进行公开的飞行表演。1912年8月5日,经民国临时政府批准,冯如在广州郊区做第二次飞行表演。那一天,机场周围坐满了前来观看表演的群众,他们有人手捧鲜花,有人手拿国旗,等待飞行成功升空。中午11点左右,冯如头戴飞行帽,身穿飞行衣,精神抖擞地出现在观众面前。他先是简单地介绍了飞机的性能,然后登上飞机。伴随着马达的轰鸣声,飞机升上了高空。看着飞机在天空翱翔,观众发出一阵阵欢呼。有了鼓励,冯如想让飞机飞得更高,他猛拉操纵杆,猛踩加速器,飞机猛然冲上天空。由于冯如用力过猛,飞机失去了平衡,在抖动过程中部分零件损坏,飞机头重尾轻,快速坠落。当人们把冯如从飞机的残骸中救出来的时候,冯如的头部、胸部、腹部都受了重伤。经抢救无效,冯如不幸去世。那一年,他只有29岁。正如自己所愿,冯如把自己的生命献给了祖国伟大的航空事业。

2009年,值中国航空百年暨人民空军建军60周年之际,中国空军授予冯如"中国航空之父"的称号。

### 知识链接

**《封神演义》** 《封神演义》又称《封神榜》《商周列国全传》《封神传》。全书以武王伐纣、商周易代的历史为背景，叙写天上的神仙分成两派展开决斗的故事，支持武王的为阐教，帮助纣王的为截教。双方几经较量，最后纣王失败，姜子牙将双方战死的重要人物一一封神。全书 100 回，以篇幅巨大、幻想奇特而闻名于世，其中的哪吒闹海、姜子牙下山、文王访贤、三抢封神榜、众仙斗阵斗法等情节，展现了古人丰富的想象力。

❋ ❋ ❋

渴望飞翔的人永远不会甘心于爬行。

——［美］海伦·凯勒

## 科学救国的"地质之光"

　　站在开往日本的船上,李四光踌躇满志,想到父亲给他讲述的甲午海战、庚子赔款,想起他亲眼看到的洋人对同胞的肆意欺凌,他更加坚定自己的决心:学习造船,为祖国造出坚固的轮船。从学习轮船制造到成为"地质之光",李四光的人生与祖国的命运紧密地联系在一起。

　　1889年10月26日,在新潮思想影响下的湖北黄冈,一个名为"李仲揆"的婴儿呱呱坠地。生命中最初的13年,李仲揆是在农村度过的。5岁时,他开始进入父亲任教的私塾读书。每天放学回家,他都和长兄一起帮助家里人劳动。晚上,李仲揆和哥哥一起在油灯下背书、习字。家境艰难,仲揆小小年纪就懂得了生活的艰辛。当同龄的孩子还只知玩耍的时候,小仲揆已经懂得了将两段油灯芯

分开来用以延长读书时间的做法。

1902年,在洋务派首领、湖广总督张之洞的领导下,湖北开始兴建新式的中小学堂。学堂老师除了教学生传统的经书,还传授科学技术知识。这一消息很快就传到了黄冈,年仅13岁的小仲揆请求父亲为他筹措路费,前往省城赶考。生平首次进入有洋人的"大城市",仲揆难免有些紧张。结果忙中出错,在填写报名单时,他误在姓名栏中填写了"十四"。仲揆十分着急,但是已经没有钱再购买新的报名单。正在这时,仲揆看到府衙堂中上方"光被四表"的匾额,他灵机一动,将"十四"更改为"李四",又在后面加了一个"光"字。自此,一个叫作"李四光"的人开始了他的学习生涯。

天道酬勤,李四光以第一名的优秀成绩被录取。在后来的学习过程中,李四光成绩也一直名列前茅,并争取到去日本留学的机会。怀揣报国之志,李四光东渡扶桑。他先在日本弘文学院学习,后又进入大阪高等工业学校学习造船。在日本学习期间,西方的先进思潮影响了李四光。1905年,16岁的李四光参加了孙中山领导的同盟会,成为创始会员之一,他也是当时最年轻的同盟会会员。会上,孙中山先生将"努力向学,蔚为国用"8个字送给李四光。这8个字,成为李四光一生奋斗的目标。

1910年,李四光学成归国。武昌起义后,他被任命为湖北省军政府理财部参议,后又当选为湖北实业部部长。但在袁世凯掌权后,革命党人受到打压,李四光发现,自己"科学救国"的抱负没有了施展的空间。李四光不愿为腐败的政府所用,决定返回校园学习。

　　长途跋涉,远渡重洋,李四光第二次离开祖国,来到英国伦敦伯明翰大学深造。他先是学采矿,后来发现采矿离不开找矿、勘探,需要掌握地质学专业知识。于是,他选择了地质专业。当时正值第一次世界大战爆发,物资短缺,人们生活极度困难,许多留学生无法忍受,纷纷离开英国。但李四光硬是凭借着坚强的意志力,节衣缩食,克服种种困难,坚持学习。他常常利用假期,跑到矿山做临时工,勤工俭学。

　　功夫不负有心人。1918年,李四光用英文写就长达387页的论文《中国之地质》,借此他顺利地得到了伯明翰大学自然科学硕士学位。毕业后,他婉言拒绝了一家外国公司的高薪聘请,回到祖国。回国后,他接受了蔡元培先生的邀请,在北京大学地质系担任教授。李四光从事科学研究一丝不苟,对学生的要求也十分严格,连走路,也要学生练好基本功。他经常对学生说,搞地质要经常到野外去工作,脚步就是测量土地的尺子,所以他要求学生迈出的每一步距离都要相等,并且要记住自己每一步的步长。李

四光要求学生做的,自己首先做到。他养成了一个习惯,走路不紧不慢,步子大小相等,迈一步就是 0.85 米。不论走到哪儿,都仿佛在度量距离。所以,他的学生看见他走路的模样,就能认出他来。

在北京大学任教期间,蒋介石曾多次邀请李四光出任教育部长、大学校长和驻英大使。但李四光目睹了国民政府的腐败和对科学的不重视,亲眼看到爱国青年受到的不公正待遇和镇压,所以都拒绝了。抗战期间,李四光在重庆先后两次见到周恩来。周恩来向他介绍了中国共产党的政治主张,并详细分析了当前的形势和发展前景。从周恩来身上,李四光感到:"有了共产党,中国就有了希望。"

1947 年,中国地质学会理事会决定,让李四光代表中国参加 1948 年 8 月在英国首都伦敦召开的第 18 届国际地质学会。李四光觉得这是一个离开乌烟瘴气的国统区的好机会,他要抓住这个机会。他用了一年时间撰写论文,又反复修改,希望代表中国表达有思想的见解。1948 年,李四光赴欧洲从事地质考察和学术研究活动,并以国内缺少从事科研的基本条件为理由留在了欧洲。

1949 年 9 月 21 日,中国人民政治协商会议在北平召开。在公布的各民主党派、区域代表、军队代表、团体代表和特邀人士的名单中,李四光是第一次自然科学工作者代表大会筹备委员会的代表之一。李四光得知这个消息后,积极准备回国,而国民党却想阻止他。当时的国民党驻英国大使接到密令,要求李四光公开发表声明,拒绝接受全国政协委员职务,否则就将其扣留。一个朋友偷偷地将这个阴谋告诉李四光。得到消息后,李四光当机立断,去到法国。1950年,李四光秘密回到香港,从香港回到北京。当李四光夫妇回到北京时,周恩来总理在百忙之中抽空去看望他们。

新生的中华人民共和国百废待兴,对于石油能源的需求量很大。当时,国内石油八九成都从国外进口,这对于国家建设是极为不利的。早在1915年至1917年,美孚石油公司的一个钻井队,在陕北打了7口探井,花了300万美元,因收获不大就走掉了。1922年,美国斯坦福大学教授来到中国进行地质考察,结束后写了《中国和西伯利亚的石油资源》一文,并下了"中国贫油"的结论。但是,李四光根据自己对地质构造的研究,在1928年提出:"美孚的失败,并不能证明中国没有油田可开。"之后,他在《中国地质学》一书中,又一次提出:新华夏构造体系沉降带有"重要经济价值的沉积物"。这个沉积物就是石油。在第一个五年计划开始的日子里,毛主席、周总理就询问李四光:中国天然石油这方面远景怎么样?李四光乐观地回答了国家领导人的提问:"我们地下的石油储量是很大的。从东北平原起,通过渤海湾,到华北平原,再往南到两湖地区,

可以做工作。"

1955年,普查队伍开往第一线。在几年时间里,找到了几百个可能的储油构造。1958年6月,喜讯传来:规模大、产量高的大庆油田被探明。地质部立即把队伍转移到渤海湾和黄河下游的冲积平原。之后,大港油田、胜利油田等油田相继建成。地质部又转移到其他平原、盆地和浅海海域继续作战。

1964年12月,周总理在第三届全国人民代表大会上所作的《政府工作报告》中指出:"第一个五年计划建设起来的大庆油田,是根据中国地质专家独创的石油地质理论进行勘探而发现的。"李四光的工作得到了党和国家领导人的充分肯定。

有了石油,中华人民共和国的经济得以飞速发展。但国家的国防建设还需要铀。"中国有没有造原子弹的铀矿石?"1955年1月15日,面对着国家领导人的询问,李四光带着他从欧洲带回来的探测器和在中国境内发现的铀矿石,给出了肯定的答案:"中国有铀。"在随后的勘探工作中,勘探队员们从李四光提出的3条东西构造带上,陆续发现了储量丰富的铀矿床,为中华人民共和国"两弹"的研制奠定了坚实的基础。

到了晚年,李四光生活很俭朴,饮食上不沾荤腥,衣着也很朴素,甚至补丁摞补丁。李四光去世后,工作人员想找几样遗物留下来,找来找去也没发现什么像样的值得保存的东西。清贫的李四光走完了他的一生,但是却给我们留下了无比宝贵的精神财富。

**石油** 石油又称"原油",是一种黏稠的、深褐色液体。石油的主要成分是烷烃,它是由不同的碳氢化合物混合而成的。石油是由史前的海洋动物和藻类尸体变化而形成的,属于化石燃料,为不可再生能源。石油主要被用作燃油,也是许多化学工业产品如溶液、化肥、杀虫剂和塑料等的原料。

❉ ❉ ❉

攻城不怕坚,攻书莫畏难。科学有险阻,苦战能过关。

——叶剑英

## 实业救国的化学家

在北京化工大学的校园里有一座纪念我国著名化学家侯德榜的雕像。作为一名化学家,侯德榜身处乱世,用自己坚持不懈的努力,诠释了一位化学家的无私与智慧。

1890年8月9日,侯德榜生于福建闽侯,祖辈世代务农,爷爷对他寄予厚望,给他取名"德榜"。幼年时,家贫上不起学,他就在私塾外面听。侯德榜天资甚高,学堂里的学生还没记住,他在外面过耳不忘,被教书先生视为奇才,愿意免费收他这个学生。13岁时,侯德榜考入美国教会书院学习。后来,侯德榜因参加反对美国政府迫害华侨的活动,被学校开除,转入爱国人士开办的中学学习。他意识到如果不想被欺负,中国必须强大起来,此时,他已经确立"科学救国""实业救国"的理想。1910年,侯德榜考入清华。第一学期的期末考试,他拿了10个满分,轰动清华园。别人读书10年才能学到的知识,侯德榜只需用一年。聪慧的侯德榜顺理成章地被保送到美国麻省理工学院化工科学习,并顺利完成学业。

1921年,侯德榜又完成了美国哥伦比亚大学的学业,获得博士学位。即将回国之际,侯德榜在纽约遇到了化工专家陈调甫。陈调甫看重侯德榜学识渊博、工作踏实,力荐他到正在筹建的中国第一家碱厂——塘沽永利碱厂工作。虽然侯德榜是学制革的,但为了振兴民族工业,他决心转而从事制碱,选择回国担任永利碱厂的技师长(即总工程师),由此开始了半个多世纪的科学救国和实业救国的人生历程。

碱是工业生产中不可缺少的重要原料,纯碱(碳酸钠)一直是资本家觊觎的重要原料。1862年,比利时人索尔维以食盐、氨、二氧化碳为原材料,成功地制造出了纯碱。资本家将"索尔维制碱法"作为商业机密牢牢地掌握在自己手中。英、法、德、美等国家相继建立了大规模生产纯碱的工厂,并成立了"索尔维工会",对会员国之外的国家实行技术封锁。当时,我国所需纯碱均从英国进口,英国人可以随意定价。最高的时候一盎司黄金买一磅纯碱。第一次世界大战期间,因为欧亚交通瘫痪,我国纯碱缺乏,一

些以纯碱为原料的民族工业难以生存。

在这样的背景下,1917年,民族实业家范旭东在天津塘沽创办永利碱业公司,决心生产中国的纯碱,打破洋人的垄断。

创业需要实干的精神,到碱厂上班后的侯德榜脱下西服换上工作服和胶鞋,同工人们一起干起来。哪里出现问题,他就出现在哪里。他经常干得浑身臭汗。经过努力,第一次做出来的纯碱是红色的,工人们都非常沮丧。侯德榜认真观察分析后找出原因,很快,雪白的纯碱便被生产出来了。经过5年的艰苦探索,侯德榜终于掌握了索尔维制碱法的各项技术要领,日产纯碱180吨。1926年,永利碱厂生产的"红三角"牌纯碱在美国费城万国博览会上为中国赢得了一枚金质奖章。我国生产的纯碱不但畅销国内,而且远销日本和东南亚。

侯德榜摸索出制碱的奥秘后,没有据为己有、大发其财,而是将之公布于众。他把制碱法的全部技术和自己的实践经验用英文写成专著《纯碱制造》。书的封面上是一个留着长辫子、脚蹬水车、手捧书本的英俊少年。这本书把索尔维制碱法的原理、工艺、设备以及参数的设置都一一列举了出来,侯德榜把原来一盎司黄金一磅的纯碱做成了白菜价。美国著名化学家威尔逊称这本书是"中国化学家对世界文明所做的重大贡献"。

  1937年,抗日战争全面爆发。日军先后3次以"工厂安全"相要挟,提出"合作"管理的要求。侯德榜和同仁们大义凛然,拒绝"合作"。同时积极响应抗战,他们利用工厂设施转产硝酸铵炸药等物资。后来,永利碱厂遭到日本飞机轰炸,被迫迁往四川。迁往四川后,碱厂遇到了困难。原来永利厂在南京,靠着长江和浙江的盐场,而且盐场用的多是范旭东的技术,用盐的问题很容易解决。到了四川改用井盐,井盐成本比海盐高,产量也跟不上要求,无法维持生产。

  这时候,德国人发明了新的制碱方法——察安法,效率要高得多。于是,范旭东派侯德榜带着代表团去德国商讨引进察安法。但德国却与日本暗中勾结,故意刁难,提出不准在东三省出售"红三角"纯碱的辱国条件。代表团立刻离开德国,去了美国,手里只有两份专利说明书。就这样,侯德榜在美国研究,另一部分人在香港做实验,还有一部分人在上海(租界)搞中试,靠着战争时期的艰难通信,他们进行了500多次循环试验。侯德榜与其他工程技术人员一起,认真剖析了德国的察安法流程,终于创立了具有自己特色的制碱工艺,即侯氏制碱法。

  侯氏制碱法提出将氨厂和碱厂建在一起,联合生产:

氨厂提供碱厂需要的氨和二氧化碳，加入食盐使母液里的氯化铵结晶出来作为化工产品或化肥，食盐溶液又可以被循环使用。这一工艺使食盐的利用率从70％提高到196％，也使原来无用的氯化钙转化成化肥氯化铵，解决了氯化钙占地毁田、污染环境的难题。这项新工艺很快为世界各国碱厂采用，获得国际化工界的极高评价。著名的英国皇家学会、美国化工学会都积极邀请侯德榜加入。1943年，中国正处对日抗战的艰苦岁月。那一年，中国化学工程师学会一致同意，将这种新的联合制碱法命名为"侯氏联合制碱法"。

侯德榜始终怀揣着"科学救国"的爱国激情，为国家、为民族的科学技术和化学工业的发展艰苦奋斗了几十年。他曾说："难道黄头发绿眼睛的人能搞出来，我们黑头发黑眼睛的人就办不到吗！"

事实证明中国人能做到，侯德榜用他的侯氏联合制碱法为中华民族赢得了极大的荣誉。

> **知识链接**
>
> **制碱法** 制碱法是以食盐、氨、二氧化碳为原料,利用这些原料在一定条件下发生的化学反应生成纯碱的制碱方法。最有代表性的制碱法有氨碱法和联合制碱法。氨碱法,又称"索尔维制碱法";联合制碱法,又称"侯氏联合制碱法"。

❉ ❉ ❉

我们爱我们的民族,这是我们自信心的源泉。

——周恩来

## 中国桥梁史上的丰碑

　　2011年,杭州钱江三桥引桥发生塌陷事故,而此桥建成通车刚刚满14年。与它一样飞架在钱塘江上的建于20世纪30年代的钱塘江大桥,却岿然不动。这座大桥的设计师是我国著名的桥梁专家茅以升。钱塘江大桥当初是按照20公里的时速设计的,设计荷载铁路面轴重50吨、公路面轴重15吨。现在钱塘江大桥日通行汽车超过1万辆,火车超过150列,动车可以跑到时速120千米,汽车可以跑到时速100公里。钱塘江大桥是桥梁史上的一个奇迹,而创造这个奇迹的人就是茅以升。

　　茅以升祖辈经商,祖父曾考上举人,思想进步,倾向革命,是镇江市的名士。茅以升出生后不久,全家迁居南京。秦淮河就在离他家不远的地方,每年一到端午节，这里都会举行龙舟比赛。11岁那年端午节，茅以升和小伙伴约好去看赛龙舟。可没想到，那天他恰巧生病了，只好在家休息。不久，一个同学慌慌张张地跑来告诉他："不好了，秦淮河上出事了！今天去看龙船的人太多，大家都挤在文德桥上，想看个清楚，结果把桥压塌了！"茅以升顿时心里一沉："那同学们没事吧？""掉下去的人可多了，咱们班好几个同学都淹死了，可惨了！"同学说着，流下了眼泪。从此，茅以升对桥总是十分留意，不论他走到哪里，只要见到桥，就得从上到下看个够；看书时，只要发现有关桥的段落，就赶紧抄在本子上；就连无意中发现的桥的图画、照片，也要像珍宝一样收藏起来，足足积攒了厚厚的几大本。

1911年，他考入唐山路矿学堂。唐山路矿学堂就是今天的西南交通大学的前身。有一次，当时任南京临时政府大总统的孙中山到唐山路矿学堂视察，并在礼堂里作讲演。他勉励学生：在学堂里学习也是一种革命。茅以升听了讲座，深受鼓舞，学习更加刻苦。茅以升在唐山路矿学堂学习5年，取得平均分92.5分的好成绩，创造了学校的最好成绩。

1916年，清华学堂向全国招收10名留美公费研究生，茅以升以第一名的成绩被录取。这一年9月，20岁的

茅以升远渡重洋,进入建筑工程学科非常有名的美国康奈尔大学学习。入学报到那天,主管注册的人要求茅以升通过考试后才能入学。结果,茅以升各门功课都得了优秀。校长亲自宣布:今后凡是唐山路矿学堂毕业来康奈尔大学研究院的,可以免试注册。茅以升为中国留学生和中国大学赢得了荣誉。

　　茅以升只用一年时间就取得了康奈尔大学桥梁专业硕士学位。他拒绝了留校任教的邀请,并向欣赏他的教授请求:"我们的国家很穷,我来美国学习,就是要学会造桥。一年多来,您帮我学到了桥梁理论,可是我还没有实践经验,希望您帮我找个实习的机会。"很快,教授介绍他到匹兹堡桥梁公司实习,接受造桥技术的全面训练。在实习期间,他感到还需要进一步学习和研究桥梁力学。于是他报考了加里基理工学院桥梁系的夜校,攻读博士学位。从此,他过上了半工半读的生活,白天他在桥梁公司实习,晚上到夜校去听课。1919年12月,他顺利获得了博士学位。美国人很佩服这位聪明刻苦的中国人,好多公司邀请他去当工程师,茅以升都没有答应。

　　1920年,回国后的茅以升来到西南交通大学唐山学校当教授。几年之后,他又到天津北洋工学院任教,并担任院长。他在认真教课的同时,希望有一天能亲手造出桥来，为国家建设贡献自己的才智。

1933年夏天，茅以升接到一封电报，电报称想请茅以升主持建造钱塘江大桥。当时的中国有德国人建的黄河大桥、俄国人建的哈尔滨松花江大桥、日本人建的沈阳浑河大桥、美国人建的珠江大桥，这些现代化的大桥都有着帝国主义侵略的印记。茅以升决心要打破洋人的垄断，用中国人自己的力量和智慧建造大桥。

钱塘江大桥开工于1934年。当时，浙赣铁路正在建造，若要其与沪杭铁路衔接，则需在钱塘江上架设一座大桥。虽然有机会实现自己的梦想，但是茅以升也有些担心，因为杭州有句歇后语：钱塘江造桥——办不到。唐代也有诗云："天堑茫茫连沃焦，秦皇何故不安桥。"钱塘江乃著名的险恶之江，水文地质条件极为复杂。它的水势不仅会受上游山洪暴发的影响，还会受下游海潮涨落的约束，若遇台风袭击，常常是浊浪排空，巨浪滔天。而且钱塘江底的流沙厚达41米，素有"钱塘江无底"之说。自古以来，很多人都有过修建钱塘江桥的想法，但是这件事极具挑战性，中国古人没有办到，洋人也没有办到。虽然有些担心，但是茅以升还是相信自己的能力，并一心投入建设大桥的工作中。

经过半年勘测，茅以升在分析比较了十几个方案之后，作出了《钱塘江桥设计书》。然而，这只是开始，建桥需

要500万银元,相当于7万建筑工人一年的工资。这样一笔巨款要如何筹措呢?桥梁专家茅以升此时化身说客,与各大银行联系并最终解决了工程款的问题。

1933年至1937年,茅以升分别采用"射水法""沉箱法""浮远法"等,克服了一个个技术难题。茅以升对大桥建设每一道工序的要求都极为严苛。一根钢梁约有18000个螺钉,每个螺钉安装后都要有专人逐个检查,不合格的螺钉要打上记号,重新安装。茅以升的目的只有一个,就是让桥上的螺钉,颗颗都能承载千斤重担。有人评价茅以升把修桥当成百年基业做,他要向世人证明,中国人建造的大桥不比外国人的差!

抗日战争爆发后,人们在敌机的轰炸下昼夜赶工,铁路、公路相继通车。在桥梁通车之前,茅以升接到上级做炸桥准备的通知,因为战局不利,如果杭州失守,大桥反而会为敌人提供便利。所以,茅以升在这座坚固的大桥最难修复的桥墩上预留了空洞。1937年12月23日,接到密令的茅以升亲自对钱塘江大桥实施爆破,只留下残存的桥墩。虽然不忍心自己的心血结晶毁于一旦,但是茅以升以大局为重,坚定地许下"抗战必胜,此桥必复"的誓言。果然,抗战胜利后,在茅以升的亲自主持下,钱塘江大桥又成功地被修复了。

建桥、炸桥、复桥，钱塘江大桥已和茅以升紧紧地联系在了一起。茅以升把工地办成学校，吸收大批土木工程专业的学生参加工程实践，为国家培养了一批桥梁工程人才。这座桥是我国桥梁建筑史上的一个里程碑。

**钱塘江**　钱塘江是浙江省最大的河流，全长605千米，流域面积4.88万平方千米。主要支流有常山港、桐溪、浦阳江、分水江等。江口呈喇叭状，海潮倒灌，形成著名的"钱江潮"。下游建有钱塘江大桥，中上游建有富春江、新安江、湖南镇等水库，并建有新安江和富春江水电站。

❋　❋　❋

一桥飞架南北，天堑变通途。

——毛泽东

## 照亮祖国的科技之光

1901年1月23日,浙江东阳的一户严姓农家迎来了一个小生命,父亲给他取名"济慈"。严济慈是我国杰出的物理学家,在压电晶体学、光谱学、地球物理学等方面都做出了卓越的贡献,是中国现代物理学研究工作的创始人之一,也是我国光学研究和光学仪器研制工作的奠基人之一。

作为家中的长子,小济慈有幸入学读书。他也是姐妹兄弟5个人中唯一上过学的。小济慈没有辜负父母的期望,他聪颖好学,刻苦上进。9岁时,父亲从书摊上买回一本《笔算数学》小学教材,严济慈竟能无师自通。

1918年秋,严济慈离开故乡,来到南京高等师范学校求学。贫寒的严济慈只有一件长袍,冬天是棉袍,夏天拆掉棉花，就是单衣。在南京高等师范学校学习期间，严济慈编著了《初中算术》和《几何证题法》，这两本书出版后影响之大，出乎严济慈的意料。我国早期的许多数学家，几乎都读过严济慈写的这两本书。1923年秋天，以第一名的优异成绩从南京高等师范学校毕业的严济慈，利用这两本书的稿费、暑期授课的酬金，以及欣赏他的3位教授的资助赴法国留学。

在巴黎，严济慈没有参观埃菲尔铁塔、凡尔赛宫和塞纳河，因为他要尽快完成学业。夏季考试来临，他通过了微积分考试，在普通物理学考试中取得全班最好的成绩，还通过了理论力学考试。一年中他取得了3张主科文凭，获巴黎大学数理硕士学位。严济慈这个中国学生震惊了巴黎大学。

主持物理考试的法布里，是"法布里干涉仪"的发明者，是享誉法国的著名物理学家，他对严济慈非常欣赏。不久，严济慈进入法布里的实验室，从事一种被称为"压电效应"的研究。法布里给他的博士论文题目定的是《石英在电场下的形变》，这是长达40年无人解决的难题。严济慈高兴地接受了。通过不懈的努力，在进行一次次实验、攻克一个个难关之后，严济慈终于完成博士论文的写作。法布里看完严济慈的论文后感到非常满意，并在法国科学

院例会上向全体与会院士宣读了严济慈的论文。第二天，《巴黎晨报》第一版刊登了"新院士法布里教授和中国学者严济慈"的照片。论文答辩通过了，严济慈成功地获得了法国国家科学博士学位。

1927年8月，在一艘邮船上，留法归国的画家徐悲鸿向一个青年同胞大步走过去，热情地说："您好，严济慈博士。我在《巴黎晨报》上看到过您的照片和大名，我叫徐悲鸿。"两人虽是初遇，却一见如故。途中，徐悲鸿为严济慈画了一张肖像素描，并题写了一行法文小字："致我的朋友严济慈——科学之光，徐悲鸿。"正如徐悲鸿所说，严济慈就是照亮中国的科学之光。

1927年10月，严济慈同时受聘担任上海大同大学、中国公学、暨南大学和南京国立第四中山大学的数学、物理学教授，教授10门课程，每周为学生们上课27小时。虽然教学工作任务繁重，但是严济慈还是坚持教学和科研同时进行。

第二年冬天，严济慈获得补助金再度赴法，到居里夫人的实验室工作了一段时间。居里夫人刚好买了一架显微光度计，她请严济慈帮忙安装调试并做测量工作。实际上，3年前，严济慈就曾去过居里夫人的实验室向她借用石英晶体片。当时居里夫人在实验室热情接待了他，并带他到小花园里,他们在花园中的绿色长椅上进行了长谈。1930年,严济慈离开巴黎回国前,居里夫人送给他放射性氯化铅,支持他在中国开展放射学研究。

虽然严济慈总说自己是西方式的知识分子,但是他对祖国的热爱从来没有动摇过,在国家危难之际,他曾走出实验室为国抗争。1937年5月,严济慈赴法国、瑞士参加5个国际会议。刚到巴黎,震惊中外的卢沟桥事变爆发了。在巴黎国际文化合作会议上,严济慈慷慨陈词,怒斥日本帝国主义的罪恶。归国途中,严济慈路经里昂,接受了当地一家报社记者的采访。第二天,"严济慈将率大批留法学生回国投入抗战"的新闻见诸报端,立刻引起了日本情报部门的高度警觉。严济慈严厉谴责日本侵略中国的言论发表后,不可能再回到被日本军队占领的北平。当时,他主持筹建了北平研究院驻昆明办事处,并把物理研究所迁到昆明郊区黑龙潭。抗战8年,严济慈将其工作重点转向军需用品的研制。当时,敌机频频空袭大后方,防空警报器的自动控制系统的设计和制作成为亟须解决的问题。严济慈带领研究人员夜以继日地制作出1000多个石英振荡器,提供给承担生产防空警报器的无线电厂。由于贡献突出,抗战结束后,严济慈被授予胜利勋章。

1958年,中国科学技术大学创建,严济慈参与创建,

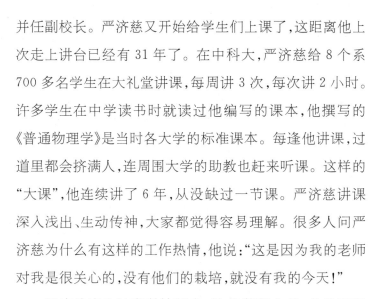

并任副校长。严济慈又开始给学生们上课了,这距离他上次走上讲台已经有31年了。在中科大,严济慈给8个系700多名学生在大礼堂讲课,每周讲3次,每次讲2小时。许多学生在中学读书时就读过他编写的课本,他撰写的《普通物理学》是当时各大学的标准课本。每逢他讲课,过道里都会挤满人,连周围大学的助教也赶来听课。这样的"大课",他连续讲了6年,从没缺过一节课。严济慈讲课深入浅出、生动传神,大家都觉得容易理解。很多人问严济慈为什么有这样的工作热情,他说:"这是因为我的老师对我是很关心的,没有他们的栽培,就没有我的今天!"

严济慈毕生从事科技研究,培养科研人员,为我国科学技术的发展做出了巨大贡献。1980年,80岁的严济慈加入了中国共产党。一年后,他在转正申请书中写道:"像我这样亲身参加中国科学院建立工作的人,现在虽已老了,但我看到大批新秀崛起,实在是后生可畏,后生可敬,后生可爱。我决心做一名辛勤的老园丁,浇灌出万紫千红的新花……"

### 知识链接

**物理学** 物理学是研究物质的基本性质及其最一般的运动规律,以及物质的基本结构和基本相互作用的科学,简称"物理"。物理学一词最早出现在古希腊语中,原意是指自然。按照所研究的物质运动的形式和具体对象,物理学可以分为力学、热学和分子物理学、电磁学、光学、原子和原子核物理学、量子力学、量子场理论等,但是分类并不明显,时有交叉和综合。物理学的基本理论和实验方法为化学、地学、生命科学、天文学、天体物理和宇宙学等的发展提供了基础。

✤ ✤ ✤

爱国主义的力量多么伟大呀,在它面前,人的爱生之念、畏苦之情算得了什么呢!在它面前,人本身也算得是什么呢!

——[俄]车尔尼雪夫斯基

## 克隆技术的先行者

提到克隆动物,相信大多数人立马会想到英国绵羊"多利"。1997年,这只克隆动物一出现,就在世界上引起了轰动,很多人都认为它是第一例体细胞克隆成功的动物。殊不知早在30多年前,一位中国科学家就已经将克隆技术应用于鱼类的研究,这位科学家就是童第周。

童第周,1902年出生于浙江宁波。这是一块山清水秀、人才辈出的土地。小时候的童第周好奇心强,满脑子都装着"为什么"。有一天,他在屋檐下的石阶上玩,突然发现石板上有一排指头大的小坑。"这是谁凿的?凿这一排小坑是要干什么呢?"他拉着父亲来看并问了几个为什么。父亲摸着他的脑袋笑着说:"小傻瓜,这些坑是檐头水滴滴出来的!"童第周不相信,把小脑袋一歪:"爸爸骗我!

水滴滴在头上一点都不疼,它怎么能在这么硬的石板上凿出坑?"父亲耐心地解释:"一滴水当然凿不出坑来,但是,长年累月不断地滴,水滴不但能凿出坑来,而且能凿穿石头呢。成语'水滴石穿'说的就是这个道理呀!"听了父亲的话,童第周似懂非懂地点点头,他觉得还需要用事实来解开心中的些许疑惑。终于,等到了一场大雨来临,他默默地坐在门槛边,看檐头的水一滴一滴地滴在石板上的小坑里。他心想,天长日久,小小的水滴专注而坚持,自然能水滴石穿。他理解了父亲的话。

"水滴石穿",这是父亲对儿时童第周的勉励。事实上,童第周就是身体力行地实践着这种精神。他抓住每一分钟,以坚强的毅力不断地提升自我、超越自我,向着科学的高峰登攀。

童第周是如何与科学结缘的?又是如何在科学的领域里不断开拓、不断创新的呢?这不得不说说童第周从私塾转向大学求学的过程。传统的私塾老师只教给童第周一些文史方面的知识,而这些远不能满足童第周对知识的渴求。因为家里条件不好,他上不起学,所以,童第周一直没机会走进学校学习。直到17岁那年,在哥哥的帮助下,童第周才进入宁波师范学校预科班。这里不用交学费,还管食宿,对于童第周这样穷人家的孩子来说,是最合适不

过的。童第周十分珍惜这个来之不易的机会,刻苦学习。由于没有一点数理知识基础,所以童第周学习起来非常吃力。但他并不气馁,他以"水滴石穿"的精神努力地学习,他立志赶上别人。

童第周不仅仅想赶上班里的同学,他还为自己确立了更高的目标——考进宁波效实中学。这所学校是当时宁波第一流的中学,从那里毕业的学生一般都能考进大学。当时很多人都以自己的孩子在效实中学读书为荣。效实中学不仅对学生的英语水平要求高,还注重学生的数理基础,而这几门课程恰恰是童第周以前很少接触的,尤其是从未学习过英语。然而自从确定了报考效实中学的目标后,童第周学习更加用功了。他开始自学英语,常常学到深夜。哥哥被童第周打动,答应供他上学,并请在宁波的朋友打听效实中学的招生情况。哥哥的朋友带来了不利的消息:效实中学只招到三年级插班的优等生,不招一年级新生。听到这个消息后,童第周仍然不退缩。他对哥哥说,一定要进效实中学,并决定去考插班生。

天道酬勤。童第周考取了效实中学的三年级,只不过成绩是倒数第一。然而,依然是靠着"水滴石穿""铁杵磨成针"的毅力,童第周从倒数第一变为一年后的正数第一,几何成绩从入学时的不及格变为一年后的100分。再后来，童第周以优异的成绩考入了复旦大学，成为复旦大学哲学系的高才生。入学后不久，童第周发现哲学无法满足他的好奇心。恰巧当时复旦大学校长郭任远为学生们作了一场关于"猫鼠实验"的公开演讲，使他对科学研究产生了浓厚的兴趣，并懂得了实验的重要性。后来，童第周结识了生物学导师蔡堡教授，并开始学习研究胚胎学。

1930年，童第周到比利时布鲁塞尔自由大学留学。1931年夏天，童第周跟着导师达克来到著名的科研中心——法国海滨实验室，做十分之一毫米的海鞘卵子外膜剥离实验，童第周顺利完成。他精湛的实验技术让国际同行十分钦佩，也给当时在国际生物学界声誉极高的英国皇家学会会员李约瑟教授留下了深刻的印象。

取得博士学位的时候，童第周已经是一个非常有名的实验胚胎学家了。导师达克教授曾劝他说："你的国家现在处境艰难，留下来吧，在这里我可以给你申请特别博士。"童第周却说："不，我要回去，我是中国人！"童第周放弃了"特别博士"学位，放弃了布鲁塞尔优越的生活和科研条件，回到了祖国。

童第周回国后便走上了科学报国的道路，但是这条道路非常艰难。1941年，童第周夫妇来到同济大学任教，那时的同济大学因为战乱迁到了四川宜宾的李庄，条件很差,童第周夫妇连一台实验用的显微镜都没有。有一次,在一家旧货店中,童第周发现了一个德国蔡司的双筒显微镜,标价6万元,他爱不释手但又囊中羞涩。妻子看出童第周的心思,便典当了自己的首饰,又向亲戚借了钱,买下了这台双筒显微镜。虽然家里因此背上了债务,但是这台显微镜记录了这对风雨同舟的科学家夫妇的爱情。童第周一生的科研成果中,60%是夫妇俩共同完成的,他们也被赞誉为"中国生物学界的居里夫妇"。

1942年,对童第周印象深刻的英国科学家李约瑟作为英国的文化参赞到中国来考察。他来中国,最想见到的人就是童第周。当李约瑟来到李庄,看到童第周的实验室没有电,采光靠阳光,不足20平方米,五六个人办公、做实验都在里面,唯一称得上现代实验器材的只有那台双筒显微镜时,李约瑟不敢相信,自己近年来在英国权威杂志上所看到的童第周关于胚胎发育的科研成果就是在这样艰苦的条件下取得的。他由衷地钦佩童第周的毅力。后来,李约瑟买了一台更好的显微镜送给了童第周。

中华人民共和国成立后,童第周来到青岛的海洋生物研究室工作,研究大楼里那间10平方米的办公室兼实验室是童第周最喜欢待的地方。童第周当时的主要研究课题是关于脊索动物文昌鱼的胚胎发育,但是文昌鱼的卵子

体积很小,获取十分困难。文昌鱼每天傍晚产卵,从晚上六七点钟开始,童第周就和妻子带着学生开始试验,一直到第二天凌晨两三点钟。学生们都记得,每天第一个到实验室的是童第周,而到了晚上,年轻人都觉得疲惫时,精神最振奋的依然是还在做实验的童第周。从1958年开始,童第周发表了一系列有关文昌鱼的研究成果,成为当时最权威的文昌鱼研究专家。他绘制的文昌鱼胚胎发育图谱,被世界各国的胚胎学著作广泛引用。童第周不仅专注于理论研究,还积极把理论研究应用于生产实践,用生物技术为人民造福。在他的理论与技术指导下,南方水产研究所开始用鲫鱼和鲤鱼移核,培养杂交鱼;云南种下了植入大豆蛋白的大米。

童第周向我们展示了中国知识分子的风范,无论是在烽火连天的战争年代,还是在国家科技不断发展的今天,他们都把自己的命运和自己的国家紧紧地结合在一起。

**克隆** 克隆为英语 Clone 的音译。克隆可作名词亦可作动词。作为名词,指由遗传组成完全相同的分子、细

胞或个体组成的一个群体。作为动词，指的是克隆技术，也指一个混杂的群体分离出一个特定的 DNA 序列、基因，或某一特定类型的细胞。

❋ ❋ ❋

我的祖国是中国，我的事业在中国。我要把自己的才智奉献给自己的祖国。

——路甬祥

## 实现祖国航天梦

"我一直相信,我一定能够回到祖国的。今天,我终于回来了!"这是中国著名的火箭专家钱学森于1955年10月8日从国外回来到达广州时说的一句感慨万分的话。

1911年,钱学森出生在上海的一个知识分子家庭,父亲曾留学日本,回国后长期从事教育工作。可以说父亲就是钱学森的启蒙老师。幼年时的钱学森随父母迁居北京后,先后就读于京师女子师范学堂附属小学和北京高等师范学校附属小学。在这两所师资雄厚、办学正规的小学里,钱学森受到了良好的教育。在升入北京师范大学附中后,钱学森又学习了代数、几何、物理、化学、英语等学科。1929年夏天,钱学森顺利考入了心仪已久的上海交通大学,进入机械工程系铁道机械工程专业学习。1935年,由

于感到经济技术的不发达造成了中国的落后,而科学技术的进步和发展成就了日本的崛起,钱学森决定到欧美国家去深造,学成后报效祖国。经过考试,他取得了庚子赔款公费留美求学的资格,他选择学习一门中国没有的、新兴工业技术——飞机制造。

1935年夏,钱学森告别父母,只身前往美国,来到了马萨诸塞州首府波士顿的坎布里奇市世界著名的大学——麻省理工学院。麻省理工学院是一所名师荟萃、驰名全球的理工类学院,许多诺贝尔奖获得者、美国的院士都在这里执教。在这里,钱学森努力钻研、刻苦学习,一年之后便以优异的成绩获得航空系硕士学位。为了进一步提升理论水平,钱学森于1936年飞到加利福尼亚州理工学院,拜见美国航天科学创始人之一、享有"超音速飞行之父"美誉的物理学家冯·卡门教授。为了了解钱学森的专业功底,冯·卡门教授提出了一系列的问题,而钱学森都对答如流。对于如此快捷的反应、准确的回答,教授赞叹不已。他当即高兴地答应了钱学森攻读博士学位的请求,接纳了这位思维敏捷、头脑清晰、才华横溢的中国学生。3年后,取得航空和数学博士学位的钱学森被聘为加州理工学院航空系助理研究员,成为冯·卡门的直接助手。这期间,钱学森在导师的影响下,对火箭技术研究产生了浓厚的兴趣,并与同窗好友马林纳发起成立了火箭研究小组。他们的火箭研究小组进行的火箭试验引起了有关当局的注意,得到了美国空军的支持。

1943年,为满足反法西斯战争的需要,美国军方经过慎重思考后,委托钱学森参与重要的军事课题,研究用火箭发动机推进导弹。当年11月,钱学森与马林纳一起在一份报告中提出了3种设计方案,该报告连同冯·卡门的指导意见一起受到军事当局的高度重视,为美国20世纪四五十年代成功研制地对地导弹和探空火箭奠定了基础。在总结第二次世界大战军事技术工作时,美国军方高度赞扬钱学森,说他为战争的胜利做出了"巨大的无法估价的贡献"。钱学森也成为"制定美国空军从螺旋桨式向喷气式飞机过渡并最后向遨游太空无人航天器过渡的长期规划的关键人物"。

1947年,经冯·卡门教授的推荐,36岁的钱学森成为加州理工学院最年轻的终身教授。自1949年下半年开始,他承担起该学院喷气推进研究中心主任的职务。那时的钱学森虽然只有38岁,但已是世界上学界公认的力学界和应用数学界的权威以及流体力学研究的开路人。

钱学森在美国学习奋斗十几年,不仅在学术上取得了辉煌的成就,在生活上也获得了丰厚的回报。虽然少年得

志，功成名就，但是钱学森从来没有忘记还处在深重灾难中的祖国。早在大学时期，他就立下"到美国学技术，学成之后回来为祖国效力"的宏愿。在后来写给父亲的信中，他说不止一次梦见上海，梦见他童年时住的房子。

1949年，中华人民共和国成立的消息传来，钱学森激动万分，他和妻子更加坚定了回祖国发展的念头。虽然归心似箭，但他深知自己为美国军界服务多年，美国军方绝不会轻易让自己离开，钱学森只得小心翼翼地谋划回国的步骤。但是这个时期的美国麦卡锡主义横行，对共产党人实行全面追查，对中国怀有很深的敌意，而钱学森也是被怀疑的共产党人之一，受到了联邦调查局的监视和查问。同时，由于拒绝揭发实验室里的同事是共产党员，钱学森被美国军事部门突然吊销参加机密研究的证书，被剥夺了继续进行喷气技术研究的资格。钱学森非常气愤，并将此作为回国的理由。

1950年5月的一天，已经下定决心返回祖国的钱学森会见了主管他研究工作的美国海军部次长丹尼尔·金布尔，并告诉他自己准备立即动身回国。金布尔十分赏识钱学森的才华，对他很器重并优待有加。他认为像这样的人才只有在美国才有用武之地，也只有美国才能为他提供优越的科研条件和物质报酬。因此，钱学森刚说完，这位懂得钱学森价值并对共产党怀有敌对情绪的上司愤怒了，他绝不情愿让这位稀世之才为中国所用。金布尔见说服无望，便给联邦调查局打电话，气急败坏地说："钱学森知道所有美国导弹工程的核心机密。一个钱学森抵得上5个海军陆战师，我宁可把这个家伙枪毙了，也不能放他回红色中国去！"而钱学森对此却一无所知。

　　1950年8月的一天，钱学森买好了机票，辞去了学院和研究所的工作，并把许多科学书籍和研究工作笔记装在箱子里，准备带离美国。就在钱学森认为可以离开美国的时候，突然接到美国移民局的通知，不准像他这样受过火箭、原子弹以及武器设计教育的中国人离开美国。非但如此，移民局还搜查并扣押了他的全部书籍和笔记本，同时诬蔑他企图运送机密科学文件去中国。此时的中美两国在朝鲜战场正处于敌对状态，美国人绝不可能放他回国。钱学森知道自己决心回国的行为已经触怒了美国当局。9月9日，钱学森突然被联邦调查局逮捕，被送到一个岛上的拘留所关押了15天。这15天里，钱学森受到了非法的虐待，看守不让他睡觉，隔一小时就喊醒他一次，使钱学森精神和心理上都受到了极大的伤害。

　　就在钱学森在拘留所苦苦坚持的时候，美国当地的朋友们正在积极营救他。在知道钱学森的情况后，加州理工

学院的众多师生和当时远在欧洲的冯·卡门教授立即向美国移民局提出强烈抗议。很快,他们募集了1.5万美元保释金,把钱学森从拘留所保释了出来。但是美国移民局还要继续非法限制钱学森的自由,要求他每个月都到移民局报到一次,同时要求他不得离开居住的城市。联邦调查局还一直派人监视他,经常非法闯入他的研究室和住宅搜查,他的电话和信件也都受到了监察。获释后的钱学森仍然执教于加州理工学院,但行动完全失去了自由。钱学森思前想后,决定安下心来,著书立说。1954年秋,钱学森精心撰写的《工程控制论》出版了,这是他在认真研究第二次世界大战后迅速发展起来的控制与制导工程技术的基础上,对与制导系统相关的工程技术实践进行潜心探索,而得到的制导控制与制导系统设计的成果总结。用英文写成的《工程控制论》由麦克劳·希尔图书公司出版以后,在科技界引起了轰动。美国当局审查了这本书以后,也不得不承认,钱学森的研究课题已完全脱离了"军方机密"。整整5年,钱学森一直过着变相被软禁的生活。即便如此,钱学森夫妇依然坚持一定要回到祖国。他们整理出3个小箱子,随时准备着搭飞机回国。他们租住的房子每次都只签订一年的合同,5年中搬了5次家,就是为了方便随时回国。

钱学森想念祖国,祖国也没有忘记他。钱学森在美国受迫害的消息传到国内,国内科技界的朋友通过各种途径声援钱学森,党中央对钱学森也非常关心。当钱学森的回国要求被美国无理拒绝时,中国也扣留着一批美国人,其中有违反中国法律的美国侨民,也有侵犯中国领空权的美国军事人员。美国政府急于要回这些美国人,但又不愿意与中国直接接触。

1954年4月,美、英、中、苏、法5国在日内瓦召开讨论和解决朝鲜问题的国际会议。在这个会议上,美国政府希望通过英国和中国进行和解。当时,周恩来总理担任出席会议的中国代表团团长,睿智的周恩来想到中国有一批留学生和科学家被扣留在美国,就说,美国人既然请英国外交官与我们疏通关系,我们就应该抓住这个机会,开辟新的接触渠道。为了进一步表达会谈的诚意,中国释放了4名被扣押的美国飞行员。但是美国人仍然不松手,不愿意放回钱学森等留美科学家。就在这个关键时刻,周恩来收到钱学森辗转从美国寄来的信,这封信是钱学森努力摆脱特务监视,写在一张香烟纸上,夹寄给在比利时亲戚的家书中的。信的内容是请求中国政府帮助他回国。这样一封非同寻常的海外来信,当天就被送到周总理手里。周恩来总理当即做出了周密部署,叫外交部火速把信转交给

正在日内瓦举行中美大使级会谈的王炳南,并指示王炳南用这封信揭穿美国的谎言。在事实面前,美国政府不得不同意钱学森回国的要求。

1955年8月4日,钱学森收到了美国移民局允许他回国的通知。1955年9月17日,钱学森的回国愿望终于实现了。这一天,钱学森带着爱人和子女,登上了"克利夫兰总统号"轮船,踏上回国之路。

钱学森回国后,马上投身于中国的航天事业。当时中国的科学家对火箭技术几乎一无所知,但是在钱学森的领导下,中国迅速从仿制苏联的R-2型导弹,发展到有能力研制一系列大型火箭,并最终利用中国自己生产的三级火箭——"长征一号"将第一颗人造卫星送上了轨道。从1956年到1968年,短短的12年里,中国在一无技术、二无资料、经济基础薄弱、苏联专家突然撤走的状况下,克服种种困难,自主设计、试验、制造并成功地发射了导弹、原子弹和人造地球卫星,跻身世界军事强国行列。这完全是由中国人自己创造的近乎天方夜谭式的神话,也是作为火箭、导弹和卫星总设计师的钱学森的杰作。

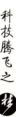

**庚子赔款** 1900年（庚子年），八国联军攻占北京，强迫清政府于1901年订立了《辛丑条约》。《辛丑条约》中规定向各国赔款关平银四亿五千万两，分39年还清，年利息4厘，本息共计九亿八千二百二十三万八千一百五十两，以关税和部分常关税、盐税作担保。这笔赔款因庚子年义和团事件而起，故称为"庚子赔款"。

❋ ❋ ❋

科学虽没有国界，但是学者却有他自己的国家。

——[法]巴斯德

## 弃文学理为救国

1931年一个秋风萧瑟的日子,一个19岁的年轻人和同学一起走进了圆明园,实地感受了中华民族被侵略的屈辱史。曾有"东方凡尔赛宫"之称的万园之园圆明园如今已是满目疮痍。这个青年震惊了、愤怒了,决定弃文学理,他要研制飞机、大炮,要走科学救国之路。1941年夏天,这个年轻人与他的导师合作写出了世界上第一篇有关弹性板壳统一内禀理论的论文。爱因斯坦看到这篇论文后说:"我这一辈子,只有这个问题没有解决,我一直睡不好觉,一直在研究,还有东西没弄清楚。弹性板壳的内禀理论把问题弄清楚了。"爱因斯坦提到的这篇文章与众多学术权威的文章一道发表在世界导弹之父——冯·卡门60岁的祝寿文集里。文集作者中只有一个人是年轻人,他就是钱伟长。

钱伟长是中国著名的力学家、应用数学家、教育家和社会活动家,是中国近代力学、应用数学的奠基人之一。1912年10月9日,钱伟长出生在江苏省无锡县七房桥镇一个贫困的书香世家。小时候,他和小伙伴们在池塘里捉过虾、摸过鱼,他也曾采桑叶、养蚕宝宝和刺绣。钱家是一个大家庭,钱伟长的父亲钱挚和四叔钱穆具有深厚的中国文化和历史素养,他的六叔和八叔分别以诗词、书法和小品、杂文见长。在长辈们的熏陶下,钱伟长喜欢上了祖国的传统文化。他在进小学以前就读过《水浒传》《春秋》《左传》《史记》和《汉书》等著作。

初中毕业后,祖母和母亲希望钱伟长尽快找份工作,养家糊口。父亲和四叔则支持他继续求学。虽然侥幸升入高中,但是在那个军阀混战的年代,学校经常停课。11年的小学与初中生活中,钱伟长真正在学校读书的时间加起来不到5年。在学校期间,他只学了一点点数学知识,没有学过物理和外语。幸运的钱伟长遇到了一个负责任的班主任。在自修室熄灯后,班主任老师便带着他去自己的办公室挑灯夜读。

中学时期的钱伟长文史类科目成绩优异,报考大学时,他同时被5所名牌大学录取。他按照叔父钱穆的提

议,以中文和历史两科 100 分的成绩进入了清华大学历史系。

入学没多久,钱伟长从收音机里听到了九一八事变的消息。他拍案而起,说:"我不读历史系了,我要学造飞机大炮,要转学物理以振兴中国的军力。"他找到物理系主任吴有训教授,要求转读物理系。吴有训教授在查看了他的入学考试成绩后,对他说:"你的数理化总共得分 25 分,中文和历史考这么好,你还是读历史系吧。"从被拒绝的那天起,吴有训走到哪里,钱伟长就跟到哪里。没办法,吴有训教授有条件地让了步:"你先试读一年,这一年结束时,化学、物理、高等数学这三门课,你要每门都能考 70 分,才收你。若有一门考不到,就转回文学院。"这个条件虽然很苛刻,但不是没有实现的可能。钱伟长天天躲在一个小角落里,不停地在草稿纸上演算。他一天最多睡 5 个小时,早晨五六点起床到科学馆读书,晚上学校 10 点熄灯后,他就躲在厕所的角落里看书,直到凌晨才悄悄返回宿舍。一年后,钱伟长成功地跨过了吴教授给他设定的门槛。和他一起要求转进物理系的有 5 个人,他是唯一成功的。4 年后,他成为清华大学物理系最出色的学生。

1939 年 9 月 2 日,中英庚款第七届留英学生 22 人抵达香港时,第二次世界大战爆发,所有赴英客轮扣作军用,钱伟长等学生的留学计划被迫延期。由于爆发战争,英国许多知名教授都逃到了加拿大,几个月后,钱伟长被通知从上海坐船去加拿大留学。上船后,钱伟长和同学发现护照上有日本签证,大家认为宁可不留学也不能接受侵略国的签证。他们一起把护照扔到黄浦江里,留学又未能成行。1940年8月,钱伟长一行人第三次接到通知,他们可以再度乘船去加拿大多伦多大学。钱伟长对特意前来送行的四叔钱穆说:"我此次出国,绝不是为了自己,也不是为了家庭,而是走一条科学救国的道路。"在多伦多大学,由于在弹性板壳统一内禀理论研究方面取得巨大成就,钱伟长得到了世界导弹之父——冯·卡门的赏识。

　　"二战"期间,英国伦敦遭受德国导弹威胁,当时的英国首相丘吉尔向美国请求援助。这个消息传到冯·卡门教授主持的喷气推进研究所。当时,钱伟长正在这个研究所从事火箭、导弹的设计试制工作。他在仔细研究德国导弹的射程和射点后发现,德国的火箭多发自欧洲的西海岸,而落点则在英国伦敦的东区,这说明德军导弹的最大射程也就如此了。钱伟长提出,只要在伦敦的市中心地面制造多次被击中的假象,以此蒙蔽德军,使之仍按原射程组织攻击,伦敦市内就可免遭导弹袭击,英国政府接受了这一建议。这一招很有效,几年后,丘吉尔在他的回忆录

中谈及此事时,赞赏道:"美国青年真厉害。"丘吉尔直到最后也不知道,这个青年不是美国人,而是中国人。

在得知国内抗战胜利的消息后,钱伟长向有关部门提出回国请求。由于他在美国从事的是火箭、导弹技术研究,美国有关方面劝他留下。最终,钱伟长以思念家人和不曾见面的6岁儿子为由,申请回国探亲。1946年8月6日,这位一心报国的动力学家只随身带了简单的行李和几本书,一路辗转,回到了阔别多年的北京清华园。

回国后,钱伟长几乎承担了清华大学、北京大学和燕京大学的应用力学、材料力学、理论力学、弹性力学等所有课程,还担任《清华工程学报》主编,承担审稿工作。也就是在这一时期,他在科学理论和工程技术上取得了许多开创性的成果。

一次,钱伟长接到周恩来总理特派的任务,研究坦克电池。可是,钱伟长并不懂电池。为了研制坦克用的高性能电池,解决我国坦克"走着走着就停了"的问题,他骑着自行车跑遍了北京所有跟电池有关的单位,查了300多万字的资料,花了一年多时间,终于研制出比美国通用公司电池性能更好的电池。

2010年,钱伟长被评为"感动中国"年度人物,组委会评价他:"从义理到物理,从固体到流体,顺逆交替,委屈不曲,荣辱数变,老而弥坚,这就是他人生的完美力学,无名无利无悔,有情有义有祖国。"

### 知识链接

**九一八事变** 九一八事变又称"沈阳事变""奉天事变""满洲事变"等。1931年9月18日,日本关东军自行炸毁沈阳北郊柳条湖附近的一段路轨,反而诬栽于中国军队。日军以此为借口,进攻东北军驻地北大营和炮轰沈阳城。9月19日,日军占领了沈阳。1932年2月,东北全境沦陷。九一八事变是日本帝国主义精心策划的为实现其独占东北而灭亡中国的图谋所采取的一个决定性步骤。

❋ ❋ ❋

我无论做什么,始终在想着,只要我的精力允许我的话,我就要首先为我的祖国服务。

——[俄]巴甫洛夫

## "两弹一星"元勋

浙江绍兴有一家图书馆,它的门面很小,斑驳的黑漆木门上镶嵌着两只已经锈迹斑斑的铁环,仿佛在向路人述说着它经历过的风雨沧桑,它就是有着百年历史传奇的古越藏书楼。20世纪初,这里住着一户钱姓人家,主人钱玄同,早年留学于日本著名的早稻田大学,年轻时曾担任过《新青年》的编辑,是新文化运动的倡导者之一。

1913年的中秋时节,在北京高等师范学校教书的钱玄同收到了老家传来的儿子出生的喜讯。欣喜若狂的钱玄同给儿子取名"秉穹",意思是"掌握苍穹"。可见,父亲对儿子寄予了厚望。在小秉穹9个月大时,钱玄同就把他接到了北平。小秉穹果然没有辜负父亲的期望,他自幼喜爱读书,不明白就问。四五岁时,他就懂得了很多道理和知识。到了6岁,小秉穹进入北京大学的子弟学校——孔德学校读书。由于自小在父亲身边接受了良好的启蒙教育,小秉穹直接进入二年级就读。

孔德学校是一所既注重科学理论又注重实践的新式学校,我国著名的教育家蔡元培先生是这所学校的创办者。在良好的学习环境里,小秉穹奋发上进,学习十分用功。虽然是个跳级生,但是他的学习成绩一直很好。不仅如此,他还热爱体育,是运动场上的一名健将。在学校,他还结交了两个非常要好的小伙伴,三兄弟中他排行老三。一次,三兄弟中一个体质不如小秉穹的小伙伴给他写信,信中自称为"大弱",称秉穹为"三强"。这封小伙伴们之间互称绰号的调皮信,恰巧被小秉穹的父亲看见了。他想:"既然我们反对复古,提倡新文化,主张中国文字朝着大众化、平民化的方向发展,就不应该在子女起名的问题上囿于形式。"于是,钱玄同将儿子的名字改为"钱三强",取意"德、智、体都进步"。

1929年一个偶然的机会,即将中学毕业的钱三强接触到了孙中山先生的《三民主义》《建国方略》等几本书籍,书中描绘了未来的中国蓝图:以兰州为中心建成几大铁路干线,南方、东方和北方设立大港……这一宏伟蓝图深深地吸引了钱三强。朦胧中他感到自己有责任响应孙先生

的号召,为使这样美好的蓝图成为现实而奋斗。他认为,国家要摆脱屈辱、走向富强,就要建成强大的工业体系、发展先进的科学技术,舍此别无他途。于是,他对父亲说他想学工科,做一名机电工程师,长大后为建设祖国贡献力量。

1930年秋,17岁的钱三强以优异的成绩被北京大学理学院录取为预科生。1932年,他考取了清华大学物理系。毕业后,他成为北平研究院物理研究所所长严济慈的助理。在研究所所长严济慈的鼓励下,钱三强通过考试取得了去法国巴黎大学的留学机会。来到法兰西,迎接他的是治学严谨的居里夫妇。钱三强每天很早起床乘地铁去实验室,工作一天后回到宿舍还要整理资料、写实验报告。钱三强的刻苦钻研精神获得了居里夫妇的赞许,也赢得了何泽慧的芳心。1946年,钱三强与何泽慧走进了婚姻的殿堂。婚后,钱三强和妻子一起投入研究工作。

1946年,钱三强在实验室里发现了一张特殊的二裂变现象照片。他与妻子一道进行实验和分析。这对年轻夫妇轮换着在实验室度过了1000多个不眠之夜,经过了数万次的实验、观察和分析,终于又观察到了特殊的核裂变现象——铀核的"三分裂"。他们赶紧把实验结果报告给居里夫妇。居里夫妇连声称赞这是一项重大的科学发现。

在法国11年，勤奋的钱三强获得了很高的学术成就。就在周围的人以为钱三强会长期留在法国工作的时候，他和夫人毅然决定回国。他说："虽然科学没有国界，科学家却是有祖国的。祖国再穷，也是自己的。正因她贫穷落后，更需要我们去努力改变她的面貌。"钱三强也把自己回国的打算告诉了居里夫妇。居里夫人语重心长地说："我们俩经常讲，人要为科学服务，科学要为人民服务，希望你把这两句话带回去！"临行前，两位导师在自己家的花园里为钱三强夫妇饯行，同时也将一些重要数据告诉钱三强，并且送给钱三强一些放射性材料，让他带回中国，留作他日做实验用。

1948年5月，钱三强和夫人带着刚半岁的女儿，带着丰硕的科研成果，带着导师的重托和法国同行的深情厚谊，离开了巴黎。

1949年，钱三强接到一个通知：要求他作为代表到巴黎出席保卫世界和平大会。钱三强想，这次去巴黎开会，如果能请居里夫人代为订购一些原子核科学研究仪器设备和图书资料该有多好。钱三强抱着试试看的态度，向中央提出支出约20万美元研究经费的要求。不久，钱三强拿到了发展原子核科学事业的5万美元经费，虽然钱比预

期的少,但是他的心久久不能平静,因为他知道这些钱来之不易。当时战争还没有结束,城市要建设,农村要发展,国家经济困难,国库外汇有限,在这样的情况下,国家还是大力支持科学研究事业,钱三强很感动。拿着沉甸甸的美元,钱三强思绪万千,深深感到科学工作者任重而道远。

1955年,国家经济恢复工作已经告一段落。根据当时的国际形势,党中央做出了研制原子弹的决定。之后,大批科研人员被调进地质部、原子能研究所,而且根据中苏双方签订的协议,苏联愿意提供核技术援助。这是中国科学研究事业发展的黄金时代,发展速度空前。钱三强也精神振奋,忘我地投入原子能事业的领导和统筹工作中。然而,中国的核弹研究工作并非一帆风顺。其间,苏联单方面终止了中苏两国签订的《国防新技术协定》,撤走了全部专家,还讥讽地说:"离开外界的帮助,中国20年也搞不出原子弹。就守着这堆废铜烂铁吧!"

作为一个有爱国心的知识分子,钱三强很清楚,原子弹对于中国的原子核科学事业,甚至于中国的国防、中国的历史,意味着什么。为了牢记那个撕毁合同的日子,我国第一颗原子弹的工程代号被定为"596"。钱三强带领原子能战线上的工作人员,精神抖擞地投入依靠自己的力量发展核科学的伟大事业中。

人马调齐,工作配套,各方面的研制进展神速。要想研发出原子弹,必须提炼出铀235。苏联人称它是"社会主义安全的心脏",从不让中国科学家接近。"别人能搞出来的东西,我们也能搞出来。"钱三强为此组织了攻关小组,经过两年的努力,终于成功研制出合格的扩散分离膜,并开始批量生产。1964年10月16日,我国西部上空升腾起一朵蘑菇云,中国在如此短的时间内独立研制出原子弹令美、苏等大国刮目相看。遮盖在中国大地上的乌云散开了,钱三强却仍然眉头紧锁。他带领着技术人员,再一次投入研制氢弹的工作中。在仅仅两年零8个月后,第一颗氢弹爆炸成功了,我国成为世界上从原子弹到氢弹研发并爆炸成功用时最短的国家。

　　钱三强一生脚踏实地、艰苦攻坚,创造了世界导弹研究领域的奇迹,最终成为中国"两弹一星"元勋,也实现了他父亲临终前的嘱托:"学以致用,报效祖国。"

**知识链接**

**居里夫人** 居里夫人原名曼娅·斯可罗多夫斯卡,是法国著名物理学家、化学家。1895年与比埃尔·居里结婚。他们先后发现钋和镭两种天然放射性元素。1906年,她提炼出金属态的纯粹的镭。因对放射性现象的研究成果,她和居里、贝可勒尔共获1903年诺贝尔物理学奖,后又于1911年独自获得诺贝尔化学奖。

❉ ❉ ❉

各出所学,各尽所知,使国家富强不受外侮,足以自立于地球之上。

——(清)詹天佑

## 中国的外科之父

2008年5月27日,94岁的裘法祖一手拄着拐杖,一手举着X光片,他正在为在四川地震中受伤的患者诊断病情。18天之后,这位中国的外科手术之父与世长辞。从中国到德国再回到中国,从"中国的辛德勒"到"中国外科之父",裘法祖用自己的医术与医德奠定了中国外科医疗的基础。

1914年,裘法祖出生在杭州的一个书香世家。他从小聪明勤奋,18岁考入上海同济大学医学预科,学习了两年德语。1933年的一天,裘法祖的母亲突然感到腹部疼痛难忍,但是医生们都束手无策。母亲痛苦地离开了人世。后来,裘法祖含悲查阅西医书籍,发现母亲死于阑尾炎。眼看母亲离开人世而无能为力的裘法祖立志要做一

名医生,帮助病人解除病痛。

有人说:"裘法祖要用手术刀划破两张纸,第三张纸一定完好无损。"作为外科医生,裘法祖的刀法以精准见长,自成一派,闻名于外科界。裘法祖在为病人做手术时,不多开一刀,不少缝一针,一切以尽量减少对病人的损伤为准则。而这种严谨的医风的形成,在很大程度上得益于他早年留学德国所受到的训练。

1936年,裘法祖被学校选派到德国慕尼黑大学医学院继续学习。获得博士学位后,他留在慕尼黑大学附属医院工作。一开始,博士毕业的裘法祖只能给导师打打下手,连正式的助手都不是。没过多久,聪明和刻苦的他深深地打动了导师,成为导师的正式助手。8个月后,裘法祖做了人生中的第一例手术——阑尾切除手术。

"二战"爆发后,很多德国医生去了前线,裘法祖也去了。在前线,裘法祖有了更多做手术的机会,医术进步很快。在德国的第七年,他被提升为外科主任。由中国人担任外科主任,这在当时的德国是史无前例的。1943年,裘法祖被调到德国南部的小城巴特托尔茨。

1945年,就在"二战"快要结束的时候,裘法祖机智地从纳粹手中救出了几十名犹太人。一天,裘法祖正在为手术做准备,一名护士长突然跑进来,神色紧张地喊道:"外面躺着许多从集中营来的囚犯。"对集中营里发生的事早有耳闻的裘法祖连手术帽都没摘就跟着跑了出去。当时，大街的一侧蹲着大约 40 名瘦骨嶙峋、衣衫褴褛、疲惫不堪、戴着镣铐的纳粹集中营囚犯。武装整齐的纳粹军人站在他们旁边，强迫他们站起来。裘法祖灵机一动，鼓足勇气对党卫军说："这些囚犯都得了伤寒，让我把他们带走吧。"就这样，这些集中营犯人被裘法祖带进了医院，藏在了医院地下室，得到了悉心的治疗和照料。直到战争结束，这些人才从地下室出来。虽然裘法祖本人十分低调，刻意隐瞒这件事，但巴特托尔茨市的市民却忘不了这位"中国的辛德勒"。最终，裘法祖因拯救德国"二战"大轰炸受害者、救助集中营犹太人以及对德中医学交流具有突出贡献，被授予德国"联邦大十字勋章"。裘法祖也因此成为第一位获得这一荣誉勋章的亚洲人。

裘法祖说："人家说我有三个'外'，第一个'外'是外科，第二个'外'是外事处，第三个'外'是外国老婆。"在德国陪着裘法祖从纳粹手上救下犹太人的众多医护人员中，有一位叫作罗妮·科尼希的护士，她后来成为裘法祖的妻子，中文名叫裘罗懿。裘罗懿是裘法祖的学生。1945 年，两人在德国秘密结婚。

1946 年 10 月，在一艘德国开往上海的轮船上，一位

30多岁的中国医生在船上成功地为一名肝脏破裂、生命垂危的病人实施了肝脏缝合手术,使病人转危为安。这在当时只能做阑尾切除等小手术的中国,引起了极大的轰动。船未抵岸,这件事已经被各大报纸报道。这个中国医生就是裘法祖。他听说中国抗日战争胜利的消息后,便带着妻儿乘船回到祖国。

在中华人民共和国成立初期,我国的外科手术技术还处在初级水平,能做高难度手术的裘法祖很快名扬上海滩。那时我国外科还没有分科,裘法祖率先提出分科的想法,即把大外科分为普通外科、骨科、胸心外科等,奠定了今天我国医学领域的专科概念。除了进行技术改革之外,他还非常关注最基础的操作,甚至包括穿什么样的手术服、怎样使用手术器械、手术室怎样消毒等。

20世纪50年代末,裘法祖工作的单位同济医学院搬迁到武汉,他也跟到了武汉并开始进行人工器官移植问题研究。1972年,在极端困难的条件下,裘法祖与他的学生仍坚持进行肝移植动物实验研究。到1977年,他们已经做了130条狗的器官移植实验,积累了大量的经验。1977年秋天,上海第二医学院组织参观团去武汉同济医学院学习动物肝脏移植技术,裘法祖主动将所有实验情况毫无保留地进行介绍,还把自己收集到的国外最新资料提供给他们。参观团成员回上海后不久便成功地进行了中国第一例同种异体肝脏移植手术,获知这消息的裘法祖非常高兴。在他的主持下,武汉同济医学院也于当年的11月份成功地做了中国第二例同种异体肝脏移植手术。在相当长的一段时间内,他主持的肝脏移植手术保持着数量最多、存活时间最长的纪录。

裘法祖还被称为"外科全才",因为他开创了很多新的手术方法。作为外科医生,裘法祖因刀法精准而远近闻名。裘法祖做手术还有一个特殊的规矩:手术前他一定要亲自清点每一件手术用品。他的手术被认为是最安全的。

尽管裘法祖平日工作异常繁忙,但他没有架子,一直把做一名好医生视为头等大事。每次预约了病人后,他都提前到诊室去等待;收到病人的来信,他必回。

从20世纪60年代开始,裘法祖培养了一批批研究生,他常常教育自己的学生:"医术不论高低,医德最重要。医生在技术上有高低之分,但在医德上必须是高尚的。一个好的医生就应该做到急病人之所急,想病人之所想,把病人当作自己的亲人。"从医近70年,裘法祖实施手术无数,未错一刀。

裘法祖常说:"我有三位母亲,一位是生养我的母亲,一位是教育我的同济,一位是我热爱的祖国。""母亲""同

济""祖国",这3个词,就像烙印一般,深深烙在裘法祖心里,影响他一生。

**辛德勒** 辛德勒是一位德国人,也是一个成功的商人。在第二次世界大战期间,他雇佣廉价的犹太人做工,成功地保护了上千名犹太人,占波兰全部存活犹太人数量的一半左右。为了保护犹太人,辛德勒花费了自己所有的积蓄。1958年,耶路撒冷的浩劫纪念馆宣布辛德勒为"义人",并邀请他在义人大道上植树。

✲ ✲ ✲

我是中国人民的儿子,我深情地爱着我的祖国和人民。

——邓小平

## "中国人永恒的骄傲"

1958年8月的一天,时任中华人民共和国第二机械工业部(核工业部)副部长的钱三强,对一个34岁的青年人说:"中国要放一个大炮仗,要调你去参加这项工作。"这个年轻人就是邓稼先。1964年10月16日,中国第一颗原子弹顺利地在沙漠腹地炸响。这一声巨响中包含着太多不为人知的艰辛。

邓稼先出生在安徽省怀宁县。出生8个月后,就被接到了北京,因为父亲邓以蛰已经学成归国在北京大学任教授。邓稼先的童年是在阅读中外经典书籍的过程中愉快地度过的。中学时代的邓稼先十分喜爱数学和物理。在崇德中学上学时,他得到了比自己高两届的同乡杨振宁的帮助,学习成绩突飞猛进。也就是在这时,他平静的学习

生活被日本帝国主义侵略者的枪炮声打破了。

1937年7月7日,卢沟桥事变爆发。22天后,北平沦陷了。占领北平的日军强迫市民游行,庆祝他们所谓的"胜利"。邓稼先无法忍受这种屈辱,13岁的他当众把一面日本国旗撕得粉碎,并扔在地上踩了几脚。这件事情发生后,邓以蛰的一个好友劝邓以蛰:"此事早晚会被人告发,你还是尽早让孩子离开北平吧。"无奈之下,邓以蛰让邓稼先的大姐带着邓稼先南下昆明,那里有南迁的清华大学和北京大学教授,还有众多的老朋友。临走前,父亲对他说:"儿子,以后你一定要学科学,不要学文,科学对国家有用。"这句话深深地烙在邓稼先的脑海里。

1941年秋天,邓稼先考上了西南联大物理系。西南联大物理系汇集了当时国内知名专家和学者。这里的名师严教让好学的邓稼先如鱼得水,他读书的劲头比中学时期更大了,各科目均成绩优异。1946年夏天,毕业后的邓稼先受聘担任北京大学物理系助教,回到了北平。在北平,他一边当助教,一边积极准备留学美国的考试。1948年,邓稼先顺利地通过了考试,前往美国普渡大学攻读博士学位。

在西南联大打下的坚实基础让他在美国的学习变得很轻松,邓稼先各门功课成绩优异,还拿到了奖学金。3

年的博士课程,邓稼先仅用了1年零11个月的时间便学完了,而且顺利地通过了答辩,获得了博士学位。美国政府打算用良好的科研条件、生活条件吸引他留在美国,他的老师也希望他留在美国,同校好友也挽留他,但邓稼先都婉言谢绝了。1950年,邓稼先收拾行李登船回国,回到了当时一穷二白的祖国。

学成归国的邓稼先成为中国科学院近代物理研究所的一名助理研究员。负责筹备组建核武器研究队伍的钱三强看中了他。

1958年8月,我国自主研发核武器的工作正式启动,年仅34岁的邓稼先成了带头人,其他的小组成员都是刚刚走出校门的大学生。当时,我国核武器理论研究工作是从零开始,这群年轻人面临的挑战可想而知。要知道,美国第一颗原子弹研制队伍中仅诺贝尔奖得主就有14人。而我国的研究人员是在中国西北的大漠深处风餐露宿,用最原始的办法探寻原子弹的奥秘。当时苏联前来支援我们的专家实行技术封锁,邓稼先等人并没有获得多少帮助。后来中苏关系恶化,苏联专家干脆全部撤走。邓稼先等人别无选择,只能自力更生。作为同行,杨振宁无法想象,没有外国人的帮助,年轻的中华人民共和国需要付出多少的艰辛才能让中国原子弹、氢弹的巨响震撼全球。

邓稼先把全部的心血都倾注到研究中去。他带着刚跨出校门的大学生，日夜挑砖拾瓦搞试验场地建设，硬是修出一条柏油路来，他们还在松树林旁建起了原子弹教学模型厅。在艰难的客观条件下，邓稼先挑起了研制原子弹的重任。为了帮助年轻人成长，邓稼先晚上备课，白天给年轻人补习专业知识。他还向大家推荐了一系列的书籍和资料，由于都是外文书，并且只有一份，邓稼先只好组织大家阅读，一人念，大家译，连夜印刷。

1964年10月16日，蘑菇云升起，这一天被历史铭记。制造第一颗原子弹时，科学家们用的都是最原始的工具，炼制炸药用的是铝锅，精确计算用的是手摇计算机、计算尺和算盘。

邓稼先等人前进的脚步没有因第一颗原子弹爆炸成功而停止。他们继续驻守在大漠深处，进行着新一轮的研究试验。1967年6月17日，中国第一颗氢弹又在罗布泊上空爆响。从第一颗原子弹爆炸成功到第一颗氢弹爆炸成功，中国仅仅用了两年零8个月时间。

1979年，在一次航投试验时出现降落伞事故，原子弹坠地被摔裂。在场的技术人员刚想询问邓稼先原因，却发现邓稼先正往试验场跑去。摔碎的弹片散落在荒地上，当班的防化兵还没有找到核心部件，他先找到了。作为物理学家，邓稼先不是不知道辐射核心区有多危险，但是为了弄清楚原因，为了人民的安全和国家的荣耀，他义无反顾。身为医学教授的妻子知道这件事后，在邓稼先回北京时强拉他去检查身体。结果发现在他的小便中带有放射性物质，肝脏受损，骨髓里也被发现有放射物。尽管如此，邓稼先仍坚持回到了核试验基地。

1984年，距第一颗原子弹爆炸整整20年，他被评为国家级有突出贡献的专家。邓稼先在做完他人生中最后一次核试验后高兴地写下："红云冲天照九霄，千钧核力动地摇。二十年来勇攀后，二代轻舟已过桥。"

1985年，邓稼先的癌细胞扩散，他回到了妻子的身边。他在医院住院363天，动了3次手术。每天他都十分痛苦，止痛的哌替啶从每天打一针到后来每小时打一针，全身大面积溶血性出血。在生命的最后时刻，邓稼先脑子里想的仍然是中国的核事业。

**核物理学** "核物理学"是"原子核物理学"的简称,是研究原子核的结构、性质和变化规律的学科。广义的"核物理学"还包括宇宙射线、粒子物理、中子物理、带电粒子及各种辐射与物质的相互作用等方面。核物理学是原子能科学技术的基础。

※ ※ ※

科学不是为了个人荣誉,不是为了私利,而是为人类谋幸福。

——钱三强

## 杂交水稻的实验者

在物质极大丰富的今天,我们很难想象有人会因为吃不饱饭而晕倒,更别说有人会死于饥饿,吃树皮、吃草根的时代已经离我们很远。"一日三餐,米香弥漫,饱食者当常忆袁公。"这句话充分说明了中国人对于解决自己吃饭问题的袁隆平的尊敬。袁隆平培育的杂交水稻创造了一个风靡世界的"绿色神话"。

袁隆平成长的年代,正值日寇的铁蹄践踏中国。年幼的他随父母四处迁徙,尝尽逃难的艰辛。亲身经历使他从小就懂得了一个道理:弱肉强食。从那时起,他就下决心和祖国同呼吸共命运,立志为国家发展做贡献。

袁隆平皮肤黝黑,见过他的人,都觉得他就是一位天天在田地里劳动的老农民;再加上他曾在安江农校教书,

所以很多人认为袁隆平是农民出身。事实上,他出身官宦家庭。1930年,袁隆平出生了。他父亲袁兴烈在抗日战争期间担任过孙连仲将军的秘书。在袁隆平报考大学的时候,他父亲本来想让他报考南京的重点大学,日后走"学而优则仕"的道路,但他却根据自己的兴趣选择了农学,因为他没有忘记小时候目睹的饿殍遍野的悲惨景象,他希望自己能为祖国的农业生产出一份力。

1953年,从西南农学院农学系毕业的袁隆平为了实现心中的梦,从四川重庆来到了偏僻的湘西雪峰山旁的安江农校任教。袁隆平来到了湘西农村,放弃了父亲给他安排的好工作。在农校教书时,他经常利用课余时间走出课堂,亲自下田研究水稻,像一个普通农民一样躬耕于田间。

南方的水田,不像北方的麦地那样平坦,耕种起来十分困难。安江是湘西与云贵高原交界的一块"大水田",是峡谷盆地。所谓"峡谷盆地",就是指稍微平缓一点的山。种庄稼首先要开山,依山而上,每层开垦的梯田都是很小的一块。山区农民浇水施肥都要一桶一桶地靠双肩背上去,劳动强度非常大。而且南方种水稻要先育种,要等种子发芽以后再一株株地插到水田里,插秧都依靠人工,非常辛苦。对于袁隆平这样一个官宦子弟来说,能像一个农民一样躬耕于稻田,进行研究,是很不容易的。

进入1960年,天灾人祸导致全国性的大饥荒在中国蔓延开来,袁隆平和他的学生们也同样面临着饥饿的威胁。一天中午,袁隆平走出校门,他远远地就看到马路边围了很多人,走近一看,路边横着两具骨瘦如柴的饿死的人的尸体,围观的人都默不作声,脸上堆满了忧伤,心情沉重。袁隆平目睹了残酷的现实,并感到深深的不安!

有一次,袁隆平带着40多名农校学生,到黔阳县硖州公社秀建大队参加生产劳动。他看见房东冒雨挑着一担稻种回来。房东告诉袁隆平,这是他从另一个村子换来的稻种。"为什么要换稻种呢?"袁隆平问。"那里是高坡敞阳田,谷粒饱满,产量高。施肥不如勤换种啊。"房东说,"去年我们用了从那里换来的稻种,稻子的产量提高了,今年就没有吃国家的返销粮。"面对饥荒,老乡们不是坐等国家救济,而是主动想办法提高产量,袁隆平很是感动。这件事让他颇受启发:改良品种,提高产量,对于战胜饥饿有重大意义。他想,自己除了要教好课外,还要在农业科研上做出些成绩来,为老乡们培育出产量高的好种子。

从1953年到1966年,袁隆平在农校一边教课,一边做育种研究,他坚持每年都去农田选种。他从野外选出表现优异的植株,找回种子播种,看它们第二年的生长情况。1962年,他发现一块田里的小稻长得很高,穗特别大,有

心人袁隆平没有放过它,他想办法弄到了种在那块田里的稻种。回来后,他对稻种进行辛苦培育,满怀希望有所收获,不料却大失所望,再长出来的稻子高的高、矮的矮,穗子大小不一。袁隆平反思:既然水稻有杂交优势,那就应该放弃选育纯种而致力于杂交水稻育种。可是,杂交水稻是世界难题,因为水稻是雌雄同花作物,自花授粉,难以一朵一朵地去掉雄花搞杂交,而是需要培育出一个雄花不育的稻株,即雄性不育系,然后才能与其他品种杂交。袁隆平知难而进,他认为,雄性不育系的原始亲本,是一株自然突变的雄性不育株,也能天然存在。中国有众多的野生稻和栽培稻品种,蕴藏着丰富的种子资源,是水稻的自由王国,"外国人没有搞成功的,中国人不一定就不能成功"。

随后,袁隆平和他的助手们花了整整 6 年时间,先后用了 1000 多个品种,做了 3000 多个杂交组合,但是还是没有培育出不育度达到 100% 的水稻苗来。

袁隆平回顾自己的育种过程,总结以往的经验和教训,觉得要加快育种步伐,不能只局限于安江与长沙,而要到气候炎热的云南和海南岛去。1969 年冬,袁隆平和他的助手们来到云南省元江县,租居在农技站的一栋平房里,还租了农技站的水田作为实验田,把珍贵的种子浸下水。这时,一场突如其来的灾害降临了。

1970年1月2日凌晨,袁隆平在睡梦中被惊醒。他发现床在晃动,天花板上"噼里啪啦"地掉下石灰块。"快起来,地震了!"袁隆平大声地将两个年轻学生喊醒,把浸在铁桶内的稻种抢了出来。3个人刚逃出房子不久,"轰隆"一声房子就倒塌了。天亮了,余震不断,大地仍在摇晃……当地农技站老支书来看望他们并劝他们离开:"这里是危险区,你们应该赶快离开这里!"袁隆平指着浸在铁桶里的稻种坚定地说:"种子都要下田了,我们怎么能离开?"他和学生们在水泥球场上用塑料布搭起了一个棚,在水泥地上垫了几把稻草,再铺上一张草席,就成了床铺。发了芽的稻种被种在余震不断的田里上,袁隆平欣慰地看着秧苗在南国的暖风里茁壮成长。粮食供应困难,他们就吃当地的甘蔗充饥。经过5个月的辛勤劳动,他们终于成功地培育出一代雄性不育的种子。

在杂交水稻的研究过程中充满了艰辛,而袁隆平凭借着他的智慧和执着,战胜了一个又一个困难。1974年,袁隆平在安江农校试种的"南优2号"杂交水稻,亩产达到了628公斤,与常规水稻亩产150公斤相比,有天壤之别。

随着杂交水稻在世界其他国家试种,袁隆平很快扬名国外。他先后应邀到菲律宾、美国、日本、法国、英国、意大利、埃及、澳大利亚等国家讲学、传授技术、参加学术会议

或进行技术合作研究。

1981年,袁隆平因杂交水稻成果获得中华人民共和国成立以来第一个特等发明奖。从1985年到1988年短短的4年内,袁隆平又连续荣获了3个国际性科学大奖。国际水稻研究所所长、印度前农业部部长斯瓦米纳森博士高度评价袁隆平:"我们把袁隆平先生称为'杂交水稻之父',因为他的成就不仅是中国的骄傲,也是世界的骄傲,他的成就给人类带来了福音。"

但更令人感动的是袁隆平虽然已经获得了那么高的荣誉、取得了那么大的成就,他仍然穿着朴素的衣服,躬耕于稻田。他像一位朴实的农民一样,勤勤恳恳、踏踏实实、一步一个脚印。他的贡献已经超越了杂交水稻,他给整个民族留下了一笔绵延世代的宝贵的精神财富。他的成功是属于中国的,更是属于世界的。

**杂交水稻**　杂交水稻是对两个遗传性差异大、优良性状能互补的水稻品种进行杂交,其杂种一代往往具有超亲的生长优势和产量优势。1973年,中国首先实现籼型杂交稻的三系配套,随后研制成功粳型杂交和二系法杂交稻,取得水稻杂种优势利用的重大突破。

❈ ❈ ❈

农业是其他技艺的母亲和保姆,因为农业繁荣的时候,其他一切技艺也都兴旺。

——[古希腊]色诺芬

## 孕育"神舟"的戚发轫

2003年的一天,中国首个载人飞行的宇宙飞船"神舟五号"即将遨游太空,身穿白色宇航服的航天员健步走向飞船,一位头发花白的老科学家在发射任务书上郑重地签下了自己的名字——戚发轫。作为我国载人航天工程的元老,"神舟一号"到"神舟五号"飞船的总设计师,戚发轫的奋斗史就是中国航天事业发展的简史。

1933年,戚发轫出生在中国东北的一个农民家庭。在他四五岁的时候,日军占领了东三省,日本人在占领区强制推行"奴化教育",学生上课必须学习日语,对话也要使用日语。1945年,苏联红军解放了大连,戚发轫开始上中学。在第一堂课上,老师说:"我们的祖国叫中国,我们是中国人！"对国籍一直懵懂无知的戚发轫突然感受到祖国的召唤，他仿佛一下子明白了很多事。

抗美援朝战争爆发时，戚发轫已经上高中了。他出现在后方抬运伤员的救援队伍中，望着受伤严重的志愿军战士，他毫不犹豫地伸出胳膊献血。看到沈阳被炸、丹东被炸，他担心大连被炸。老师告诉他，大连不会。为啥？大连驻扎的是苏联军队，"老大哥"有飞机。祖国不强大就要受人欺负啊！戚发轫立志要为祖国造飞机。

1952年，大学统一招生，19岁的戚发轫报考了清华大学航空系。戚发轫说他一生一共就填报过这么一次志愿，而他的选择是航空专业。当时正值全国院系调整，全部航空系都集中在北京，戚发轫先就读于清华大学航空系，后转入北京航空学院，在当时求学环境异常艰苦的条件下，他坚持将学业完成。

1957年，国防部第五研究院成立了。这是中华人民共和国成立以来第一个为研制导弹、火箭而专门成立的研究院。研究院成立初期，人才奇缺。当时没有学习导弹专业的人，只能找学航空的人。刚刚毕业的戚发轫服从国家分配，开始进行导弹研究，正式涉足航天领域。刚刚被分配到国防部第五研究院的戚发轫，虽说是去搞导弹研究

的,却从来没见过导弹。在由百十人组成的导弹研究骨干队伍里只有一个人见过导弹、研究过导弹,他就是中国空间技术研究院的第一任院长钱学森。钱学森成了这群年轻大学生的老师,中国的导弹研发事业就这样从一穷二白开始了。戚发轫就这样当了导弹技术兵。部队上要送他出国深造,可人家说他是军人,不行。脱了军装成了老百姓,人家还是不答应。出不了国就跟苏联专家学,可没几天专家就撤走了。这对戚发轫是很大的刺激,他深深地感到了落后的耻辱。这种刺激和耻辱使他坚定了科技报国的信念和攻关夺隘的决心。1962年,完全由中国人自己研制的第一颗导弹"东风一号"发射失败。当时,苏联专家走了,年轻的导弹研究团队缺乏经验。戚发轫和同事们的心理压力特别大,觉得国家花了那么多钱,大家花了那么多心血却惨遭失败,他们感到无地自容。知耻而后勇,在国家的支持和鼓励下,大家重新振作起来。1964年,"东风二号"终于发射成功。

就在戚发轫在导弹研制领域干得愈来愈得心应手的时候,1968年2月,专门负责卫星研制的中国空间技术研究院正式成立,他被当时负责卫星总体工作的孙家栋"点将",与另外17个人一起(人称"航天十八勇士"),经聂荣臻元帅亲自批准,调入中国空间技术研究院,成为我国自行研制人造卫星"东方红一号"的技术负责人之一。

从这时起,戚发轫的工作正式从导弹研制转向卫星研制,这一年,戚发轫35岁。后来,随着我国把发展重点转向资源、气象、通信、返回式卫星的研制,戚发轫先后担任"东方红二号"卫星、"东方红三号"卫星等多颗卫星的总设计师。

当时的条件十分艰苦,试验条件简陋至极。"东方红一号"的4根3米长的天线是收缩式的,上天后要靠自旋甩开,轻了甩不开,重了又会甩出去,地面试验既需要一定的场地又很危险。戚发轫他们只好在一个破库房里进行试验。身手矫健的同事爬上房梁,骑在上面观察。戚发轫则拿木头制成的包装箱盖子挡着自己,透过箱盖的裂缝观察,一边躲闪一边记录。为了搞卫星研究,他和同事们一起夜以继日。1970年4月24日,"长征一号"载着"东方红一号"直上云霄,中国人自己研制的第一颗人造卫星发射成功了。它标志着中国开始进入宇宙空间,成为又一个自行研制和发射人造卫星的国家。

载人航天是人类扩大活动疆域、开发利用空间资源的重要手段,也是一个国家综合实力的象征。自

1961年苏联航天员加加林第一次进入太空飞行以后，载人航天就成为世界航天界最激动人心的追求。20世纪60年代末以来，在钱学森的领导下，中国空间技术研究院的工作人员对载人航天工程进行了不懈的探索，取得了丰硕的技术成果。

1992年9月21日，中国载人航天工程正式启动，戚发轫被任命为其中的核心工程"神舟"号飞船的总设计师，这一年，他59岁。担任飞船总设计师意味着已近花甲之年的戚发轫需要再次开辟新领域，意味着要承担更大的责任。在巨大的压力面前，戚发轫毅然选择服从分配，挑起了重担。

正当"神舟二号"飞船研制工作处在攻坚阶段时，戚发轫的夫人被确诊为肺癌晚期，医生预测她只有3个月到半年的生命。戚发轫看着自己相濡以沫的妻子，心情十分复杂，但是他最终还是选择了工作。白天搞科研，晚上加班工作，戚发轫总是叮嘱女儿去陪伴妈妈。就在"神舟二号"即将发射时，老伴高烧不退，连医生都建议他不要离开，戚发轫心里难受但还是选择了工作。他对老伴说："家大国更大，这个任务需要我。"老伴十分理解他，说："你走吧，这里还有医生，还有女儿。"戚发轫忍痛离开了老伴。"神舟二号"发射成功了,戚发轫和老伴都深感安慰。当戚发轫作为总设计师指导研制的"神舟五号"载着我国的航天员进入太空时,他老伴已经离开了人世。

自1999年第一艘"神舟"飞船发射成功,到2003年的5年间,"神舟"飞船以平均每年一艘的速度成功发射,其研制速度之快、发射成功率之高,令世人惊叹。与此同时,在戚发轫等老专家的培养带领下,一批年富力强的航天人已经走上领导岗位,成为载人航天事业的栋梁。戚发轫说:"我没后悔过,我觉得能够参加这么一项伟大的事业是很自豪的事情。干事业总会有牺牲。航天事业的发展,需要我们这一代人,需要好几代人去支撑。如果再有一次这样的抉择,我还是会优先选择服务国家。"

**中国载人航天工程** 中国载人航天工程是我国空间科学实验的重大战略工程之一,于20世纪90年代初期开始筹划,并确定了"三步走"的发展战略。第一步,发射载人飞船,建成初步配套的试验性载人飞船工程,开展空间

应用实验。第二步，在第一艘载人飞船发射成功后，突破载人飞船和空间飞行器的交会对接技术，发射一个空间实验室，解决有一定规模的、短期有人照料的空间应用问题。第三步，建造空间站，解决有较大规模的、长期有人照料的空间应用问题。

✻ ✻ ✻

一个民族有一些关注天空的人，他们才有希望。

——［德］黑格尔

## 解决汉字输入问题的王选

"毕昇给了我们活字印刷术,从此,用泥字和铅字,我们印刷历史;他推广了激光照排,从此,用激光,我们就可以快速地排版历史。"他就是有"当代毕昇"之称的王选。王选主持研制的汉字激光照排系统,使汉字印刷术"告别铅与火,迎来光与电"。

1937年,王选出生于上海,其家族可谓满门才俊:他的曾祖父是同治进士,现在北京国子监石碑上还刻有他曾祖父的名字;他的外祖父是中国第一代留学日本的学生;他的父亲王守其毕业于南洋大学。1954年,王选怀揣着憧憬从上海来到北京。他没有想到未来的自己会成为汉字激光照排系统的创始人。但是北京大学以它雕梁画栋的皇家气派、兼容并蓄的文化风范,深深地触动着17岁的

王选的心,让王选油然而生一种自豪感。那一刻,王选就已认定,自己将在这个青青校园度过一生。

当时的北京大学校长马寅初,主张把办学重点放在基础课上。众多名师的引导、严格的数学训练,使王选顺利迈入了高等数学的殿堂,并为他日后从事计算机应用研究奠定了重要基础。到大学二年级下学期,同学们上的是一样的基础课,大学三年级开始分成数学、力学和计算数学三个专业。王选选择了当时很冷门的计算数学。

在20世纪50年代中期的中国,人们还不清楚计算机是个什么样的东西。计算数学在中国算是新兴学科,不但没有一套像样的教材,而且应用性强于理论性,包含大量繁杂琐碎、非创造性的技术工作。明智的王选当时就注意到,1956年我国制定的《十二年科技发展远景规划》中把计算技术列为"未来重点发展学科"。事实证明,王选的这一选择体现出他与众不同的远见和洞察力,为他日后的科研工作奠定了基础。

回顾王选的一生,他总是把自己的选择和国家的需要联系在一起,创造了自己辉煌的事业。

1958年,中国进入"大跃进"时代,科技界和高等院校掀起了研制计算机的热潮。王选在年轻的计算机原理课老师张世龙的带领下,参与了"北大一号"机的设计改进工作。张世龙是我国早期计算机事业的拓荒者,他敢为人先的勇气和精神,对王选产生了深远的影响。王选以满腔的热忱投入工作中,每天工作14小时以上,最紧张时40个小时都未合眼,被同事们称作"拼命三郎"。通过实习,王选对计算机逻辑设计和调试有了充分的认识,动手能力也大大增强。1960年,我国经历了严重的自然灾害,米和面都是定量供应的,王选只能靠喝稀粥充饥,过度的疲劳和饥饿拖垮了他的身体。到了夏天,王选低烧不退、胸闷憋气、呼吸困难,大夫诊断他可能得了不治之症。大病使王选不能再继续工作,1962年,他不得不回到父母身边治病。

养病期间,王选觉得自己不能就这么无所事事地躺着,他决定边治病边学习。他请北京大学的同事寄来计算机英文资料。为了加快阅读速度,王选每天坚持收听英语广播,提高反应能力。结果,王选的英语口语和阅读水平大幅提高,对他了解国外技术发展方向、独特的技术途径,有很大帮助。1969年是王选最艰难的岁月,因为收听英语广播,他被扣上"偷听敌台"的帽子,并被送进了"学习班"。在那个特殊的年代,一些关系不错的同事见了王选也都躲着不敢理他。王选心情抑郁,甚至一度产生了轻生的念头,幸亏妻子悉心呵护,陪着他渡过了这一难关。从

那时起直到1975年,王选都是一个被打入"另册"、每月只拿40元劳保工资、在家养病的小助教,但是他仍然坚持进行科学研究。

就在他克服重重困难、坚持不懈地进行着科研储备的时候,机遇来了。1974年,我国启动了一项被命名为"748工程"的科研项目。这个项目分为三个子项目:汉字通信、汉字情报检索和汉字精密照排。王选最感兴趣的是"汉字精密照排"。当时国外已经在研制激光照排四代机,而我国仍停留在铅印时代,我国政府打算研制自己的二代机、三代机。王选大胆地选择技术上的跨越,直接研制西方还没有商业化产品的第四代激光照排系统。当时国内有5家单位在研制,而且实力都很雄厚。1975年春,王选拖着还很虚弱的身体,日复一日地挤公共汽车去中国科技情报所查阅外文杂志。节俭的王选很少复印,而是将资料整整齐齐、密密麻麻地誊抄在随身携带的笔记本上。为了收集资料,他经常一坐就是半天。

当时有人说,计算机时代是汉字的末日,要想跟上信息时代的步伐,必须走拼音化的道路。但是王选并不认同,他反复琢磨着每个汉字的笔画,很快便发现了规律:汉字虽然繁多,但每个汉字都可以拆分成横、竖、折、撇、捺、点、勾等笔画。此时,王选发挥奇思,他兴奋地对妻子

说:"我们可以用轮廓加参数的数学方法描述汉字字形,这样可以使信息量大大压缩。"为了解决汉字压缩难题,王选带领同事们不辞劳苦地工作,画逻辑图、布板、调试机器。由国产元器件组成的样机体积庞大,而且系统很不稳定,每次关机、开机都会损坏一些芯片。为了保证进度,只好不关机,大家轮流值班,昼夜工作。终于,王选发明了高分辨率字形的高倍率信息压缩技术和高速复原方法,率先设计出相应的专用芯片,并取得欧洲和中国的发明专利。这个发明引发了我国新闻出版业"告别铅与火,迈入光与电"的技术革命。

改革开放以后,我国有几十家出版社、报社、印刷厂购进了5种不同品牌的美、英、日照排系统。最初支持王选研究工作的协作单位,提出撤走协作人员的要求,王选的硬件组从最初热热闹闹的9个人,走得只剩下2个人。王选下定决心:进军市场,把技术变成产品。

1985年11月,王选和同事们研制成功了华光Ⅲ型系统。主机由小型机换为台式机,体积更小、稳定性更好。但是要使系统达到最高水平,必须能顺利排印大报、日报。当时《经济日报》的工作人员正因无法进一步提高印刷生产能力而感到苦恼,当得知新华社试用汉字激光照排系统取得了很好的效果时,他们希望初尝激光照排这只"螃

蟹"。日报时效性极强,为了确保效果,王选的团队采取了循序渐进的方式,将版面一版一版逐步由铅排改为照排。1987年5月22日,《经济日报》的4个版面全部使用激光照排。但是没多久,新系统出现了毛病,不明原因的读者纷纷来信指责。王选和科研人员一起仔细分析,认定系统是先进的,在应用过程中出现一些问题是正常现象,完全有能力解决。在大家的共同努力下,险情终于被排除,实现了顺利出报。

不久,王选和同事们成功地研制了更先进的华光Ⅳ型系统,字形复原速度达到每秒710字,并具有强大的、花样繁多的字形变化功能。由于华光Ⅳ型系统以微机为主机,因而更易于推广。《经济日报》换装了这一系统后,质量和效益大幅度提高。《经济日报》应用的巨大成功,彻底消除了一些用户对国产系统"先进的技术,落后的效益"的担忧,国产激光照排系统开始在全国推广普及。王选所领导的科研集体研制出的汉字激光照排系统为新闻出版全过程的计算机化奠定了基础,被誉为"汉字印刷术的第二次发明"。

王选成功了,他带领的团队解决了中国的汉字在多媒体时代的输入问题。除了取得科技成就外,他还留给人们一种淡泊名利、专注科研的宝贵精神财富。王选最爱穿的就是白衬衫和卡其布的裤子,膝盖那里经常被磨得发白。王选外出参加活动时,总是随身带着西服,在活动前把西服穿上,活动结束后,他就会脱下西装换上平日服装。王选很少坐车,都是骑自行车上下班。

1998年,王选将多年来获得的30万元奖金捐献给北京大学数学学院,设立了"周培源数学奖学金"。奖学金的名称没有用"王选"命名,如同当年汉字激光照排系统没有用"王选"命名一样。王选最欣赏北京大学学生的一种说法:不要急于满口袋,先要满脑袋,满脑袋的人最终也会满口袋。

### 知识链接

**毕昇**　毕昇是活字印刷术的发明者。毕昇发明的胶泥活字印刷术,使书籍印刷更为方便,被认为是世界上最早的活字印刷技术。毕昇的胶泥活字首先传到朝鲜,被称为"陶活字"。后来又由朝鲜传到日本、越南、菲律宾等国。15世纪,活字印刷术传到欧洲。1456年,德国的戈登堡用活字印刷《戈登堡圣经》,这是欧洲第一部活字印刷品,比中国晚400年。之后,活字印刷术经过德国而迅速传到欧

洲其他十多个国家，加速了文艺复兴运动的到来。毕昇活字印刷术的发明，是印刷史上的一次伟大革命，是中国古代四大发明之一，有力地推动了世界文明的发展。

❋ ❋ ❋

世界上有一个伟大的国家，她的每个字，都是一首优美的诗，一幅美丽的画。这个国家就是中国。

——［印度］尼赫鲁

## 执着于光学事业的蒋筑英

电视被视为20世纪影响人类文明最重要的发明之一。在20世纪70年代,我国彩色电视荧光屏上的人面依然呈猪肝色,红旗是紫红色。导致这一现象产生的原因是当时我国彩色电视机的彩色复原技术不过关。而现在我们能看到图像清晰、色彩逼真电视节目,是与一位已经离开我们的科学家——蒋筑英的发明创造分不开的。这位杰出的科学家为中国的光学事业奋斗了20多年,献出了年仅43岁的生命,聂荣臻元帅称赞他是"知识分子的优秀代表"。

1962年夏天,刚刚大学毕业的蒋筑英徘徊在北京大学的未名湖畔,为何去何从进行着激烈的思想斗争。如果回杭州,可以陪伴含辛茹苦将他抚养成人的母亲,可以照

应家庭。如果北上东北,那里是中国光学事业的重要基地:20 世纪 50 年代,中国光学第一人王大珩在长春建立了中国最大的光学研究生产基地。师从王大珩先生,是蒋筑英最大的愿望。

1938 年,蒋筑英的父母为了躲避战争,带着家人离开了杭州,去了贵阳,在贵阳,蒋筑英出生了。16 岁时,蒋筑英的父亲因政治历史问题被错判入狱。家里没有了顶梁柱,再加上抚养 5 个孩子的沉重负担,母亲只有靠糊火柴盒的微薄收入养家糊口。18 岁时,蒋筑英以优异的成绩考取了北京大学物理系,他是靠人民助学金完成学业的。他学习异常刻苦,决心将来报答党的栽培和人民的帮助。对祖国、对人民,蒋筑英有着深厚的感情。就在蒋筑英纠结无助时,他想起母亲的话:"你要做个对国家有用的人。"想到这儿,他豁然开朗,做出了选择:去东北。

蒋筑英考取了长春光机所所长王大珩的研究生,迈出了攀登光学高峰的第一步。20 世纪 60 年代初,国外光学传递函数理论已开始应用于生产实践。应用光学的理论课题,也是一门实用性很强的基础技术,在当时的中国还是空白。1963 年元旦,研究所开联欢会,蒋筑英用法文朗诵了一首歌颂居里夫人的诗,所有人都能感受到他对科学的向往,对自己理想的坚持。"文化大革命"开始后,蒋筑英尽管没有工作可干,但他还是经常到实验室,把实验室打扫得干干净净。在大多数人都放弃知识的时候,他依然每天读书,几乎是书不离手。他对妻子说:"国家的发展离不开科技进步,社会进步还得靠知识,别人不学,我学。"

经过700个日日夜夜的努力,30岁的蒋筑英和伙伴们一起,终于在1965年制成了我国第一台光学传递函数测量装置。日本学者看了这套装置后,感到非常惊讶,他们想不到中国这么早就制造出了这样高精度的装置。此后,蒋筑英又在光学传递函数研究方面取得了一系列重要成果,发表了10篇学术论文。在国内,只要一提到光学传递函数,人们就会想到蒋筑英。

在科研上,蒋筑英是个成功的科学家,但在家里,蒋筑英却不是一位称职的父亲、丈夫和儿子。他们一家住在长春唯一的风景区南湖附近,但是他从未带孩子到南湖玩过。孩子们多次求爸爸,但他总是一再推托,因为他实在太忙了。蒋筑英总是每天5点起床,一直忙到深夜,年复一年,日复一日,没有星期天,没有节假日。蒋筑英一家多年住在一间小平房里,条件很差。1980年底,所里按资历和贡献给他分了一套三居室,妻子知道后高兴得一夜没合眼。他却找到领导,并对领导说:"我不要三居室,给我两居室就可以了。"最后在所领导的一再劝说下,他才搬进了顶层的一套三居室。

对孩子提出的陪伴要求,蒋筑英很吝啬,但是对于同

事们的求助,他却十分慷慨。他随身带着一个小本子,里面记着一件件别人求助于他的事情。他懂得英、俄、德、法、日5门外语,能读懂外文资料,当别人需要时,他都工整地誊写下来送给同事。蒋筑英还是"义务资料员",主动帮助所里图书馆编书目,帮助情报室编索引资料,7000多篇资料,他一页一页审改,精心编排。

蒋筑英把知识献给他人,也把荣誉让给他人。他把自己多年积累的大量文献卡片送给情报室,方便大家查阅,他甚至把自己掌握的最原始、最珍贵的科研资料也提供给他人使用。所里有一位同事在根据蒋筑英提出的想法完成了一个研究课题后,和蒋筑英一起合写了一篇论文。这位同事想要把蒋筑英的名字署在自己的名字前面,蒋筑英不依,坚持要把自己的名字署在后面。在生活中和工作上,蒋筑英一如既往地先人后己。

1979年,研究所派蒋筑英到德国进修。进修的半年中,他省吃俭用,结余下来的钱相当于他几年工资收入的总和。他用大部分的钱给研究所买了一台英文打字机、一部录音机、19台电子计算器和不少光学器材,剩下的钱全部退给研究所。1979年底,蒋筑英从德国给研究所领导寄了一封信。原来在蒋筑英出国之前,领导准备晋升他的技术职称,要他作提职报告,但他再三推让,一直未写。出国了,他仍放心不下,特地写下这封特殊的申请寄回国内,恳求领导不要晋升他的技术职称。

1981年,蒋筑英第二次出国,到英国和德国去验收所里要进口的机器。他飞抵伦敦时,迎接他的同志看他提着一个大箱子,准备叫辆出租汽车。蒋筑英拒绝了,提起箱子便去挤公共汽车。到了住地,同事叫他一起去买菜做饭,他却取出一大包榨菜。原来,蒋筑英总结出国省钱的经验,这次,他决心抠出更多的钱来,再给所里添些器材。

1982年5月14日,这天让蒋筑英终生难忘,因为党支部书记找他谈话,把一份入党志愿书送到了他的手上。十几年来,他不记得自己写过多少份入党申请书了,但由于受到父亲冤案的影响,一直未能如愿。那天,他望着手中的入党志愿书,百感交集,激动万分。很快,组织派蒋筑英到成都去执行一项紧急任务,临行前他填写了入党志愿书。在成都工作期间,因为劳累过度,加上患有多种疾病,蒋筑英病情急剧恶化,抢救无效,于6月15日下午停止呼吸,年仅43岁。入党志愿书成为他的绝笔,他在上面写下了他的信仰和誓言:"一个人活着应当有个信仰——人的生命是有限的,党的事业是永存的。我愿为实现党提出的各项战斗任务贡献自己的一切。"蒋筑英被追认为全国劳动模范和中国共产党党员,他的离去如一颗耀眼的新星陨

落，他为中国科学事业献身的精神仍鼓舞着无数中国科技工作者。

**知识链接**

**光学**　光学是物理学的一个分支，研究光的本性，光的发射、传播、接收，光和其他物质相互作用的现象和规律的科学及相关工程。通常分为几何光学、物理光学和量子光学。适应不同的研究对象和实际需要，还有不同的光学分支，如光谱学、发光学、光度学、分子光学、晶体光学和大气光学等。在20世纪60年代激光发明以后，光学在信息技术、医学和生命科学、能源以及国防中起着越来越重要的作用。

✻ ✻ ✻

天才就是长期劳动的结果。

——［英］牛顿

## 掀起 IT 业界中国"浪潮"

2009年8月中旬,一条令人震惊的消息在IT业界传播开来,浪潮集团宣布投资3000万元人民币收购全球第三大存储器厂商奇梦达的研发中心,从而进军高端集成电路研发和设计领域。其实这件看似发展顺利的事情背后有着许多不为人知的故事,这些故事的主人公就是被称为"中国服务器之父"的浪潮集团董事长孙丕恕。回顾孙丕恕的人生历程,从专业技术人员到成功的企业领导者,他一直致力于中国信息产业核心设备的研发工作,创造了很多个中国第一。浪潮集团在他的领导下,经过十几年的自主研发和探索,从身陷困境的国企华丽变身而成为中国最大的服务器制造商和微软在中国最大的合作伙伴。

1962年,孙丕恕出生在山东青岛,身为农民的父母从

没放松对孙丕恕学习的督促。孙丕恕的数理化成绩一直不错。1979年,他参加了全省数理化竞赛化学组的比赛,在取得不错的成绩后,他觉得化学太简单了,电子行业才更具挑战性。考大学时,孙丕恕报考了山东大学电子学专业。1983年毕业后,他进入浪潮公司工作。

1985年,以孙丕恕为首的课题组研制出了中国第一代微型计算机0520系列。从1986年至1989年,孙丕恕再接再厉,他领导研发的浪潮0530微机获国家计算机行业最高质量奖。从微机研发转向研发自主知识产权服务器,是因为一次对华歧视的技术观摩,刺痛了孙丕恕,更激发了他的斗志。

20世纪80年代起,中国相继研发出"长城""银河"系列大型机,峰值能力突破每秒亿次,极大地缩小了与世界先进水平的差距。但是那个时候,服务器,尤其是大型机只有军队等核心保密机关才能研发使用,那是每个国家的核心技术机密,技术由国家高度垄断,民用不可能,更不用说产业化了,而且当时西方国家在高技术领域对我国施行了封锁和限制。当时中国还没有自己的服务器产业,为了进行石油勘探,石油工业部物探局花"天价"购买了一台IBM大型机。购买机器除了要花费巨额资金,还必须接受对方苛刻的附加条件:把机器安放在一个中国人不得入内的透明的"玻璃屋子"里,以方便美国专家24小时监控,

美国专家还要定期上交监控日志给美国政府审查。孙丕恕看到外方竟要求将服务器锁进玻璃房内，并标示"中国人不得入内"，感觉这是外国人在新时期设置的"租界"。孙丕恕下决心回击这种歧视，打破他们在这一领域的垄断。时任浪潮技术副总工程师的孙丕恕大胆预测：个人计算时代将逐渐向网络计算时代转变，服务器作为网络的核心，将是21世纪网络信息技术的关键。

由于国外对中国实施技术封锁，在中国内地找不到有关服务器的样品和技术资料。孙丕恕瞄准了新加坡、中国香港。他带领了一批研发人员，先后赶赴这两个地方，搜集了大量技术材料，还从美国买回很多与服务器研制相关的书籍。1993年，孙丕恕和同事们来到新加坡，开始了小型机服务器的研制工作。他带领"小分队"将国外厂商废弃不用的小型机服务器一遍遍地拆卸，一遍遍地组装，终于弄明白了构造原理，确定了有关服务器的技术参数。在巨大的工作压力下，孙丕恕患上了严重的胃溃疡。但疾病并未使他停下前进的脚步。经过一年的不懈努力，他领导下的课题组终于研制出第一台小型机服务器。这台服务器的问世打破了国外对中国的技术封锁、应用限制，降低了服务器市场的产品价格，使得服务器在中国被广泛应用成为可能，孙丕恕也因此被人称为"中国服务器之父"。

有了产品，仅是迈出了万里长征的第一步。由于中国

的服务器厂商比国外厂商的业务起步晚,没有自己的品牌,也不为客户所认同,直到1994年,第一台服务器才被卖出去。当时"浪潮"内部销售体系混乱,销售人员对服务器缺乏足够的认知,也缺乏销售的信心。身为服务器研发者的孙丕恕,硬着头皮走到了市场的第一线。为了取得客户信任,100斤重的机器,孙丕恕带着销售员常常是扛着就出去了。当时出国热方兴未艾,国外服务器厂商往往以出国考察为诱饵,极力打压国产服务器的生存空间。有一部分用户方的项目主管,纯粹为了可以出国培训和考察而高价购买进口服务器。孙丕恕就见缝插针,经常在晚上找到客户,用自己的机器来替代国外品牌机器,进行应用模拟测试比较,凭借真诚和努力打动客户。就是在这样艰难的条件下,我们国有品牌的服务器厂商逐步赶上了国际厂商的步伐,在技术和产品上不断赶超世界先进水平,初步建立了完整的产业化体系。

作为中国第一台小型机服务器的发明者,"浪潮"继续与国外厂商进行"赛跑"。2002年11月,"浪潮"启动了"天梭工程",意图在高效能计算领域形成自己的技术体系,并研发出可以替代国外商用高端服务器的自主品牌产品。此后,在服务器性能上,"浪潮"先后6次打破世界纪录,迫使国外进口服务器连续降价达40%之多。他用25年的苦追赶上了发达国家50年所取得的成就,使"浪潮"

成为国内最大的IT企业之一。在"浪潮"的带领下,中国IT厂商纷纷涉足服务器产业,并相继推出了自己的产品。"浪潮"不仅将服务器这种高端产品做成了一个实实在在的大产业,"浪潮"服务器也自1996年起连续12年蝉联国产服务器第一品牌。

孙丕恕领导下的"浪潮",并不满足于在服务器领域取得的卓越成就,它的产业触角还伸向了软件行业。2005年,"浪潮"成为"微软"在华最大的合作伙伴,获得"微软"2亿元人民币的投资,这使"浪潮"得以加快品牌国际化的进程。从这次合作起,"浪潮"开始大规模采用"微软"的".NET"平台,并帮助"微软"向客户推广".NET"。"浪潮"自主品牌的通信行业软件也迅速走出国门,先后在孟加拉、苏丹、布隆迪等国家和地区落地生根。同时,"浪潮"还积极发展对欧美、日韩的软件外包业务。

到2008年,为了填补我国在存储器领域的技术空白,改变整个集成电路产业产品完全依赖进口的状况,"浪潮"集团向当时全球第三大存储器厂商德国"奇梦达"提出合资建议。然而得到的却是对方带着傲慢的质疑声:"你们有什么样的规划,你们有多大投资,你们能干这个事吗?""穷小子"想要攀上"富家女",注定要付出更多的艰辛。但是孙丕恕并没有就此打住,而是继续保持着与德方的接触。

几个月之后,事情有了重大变化。起初仅仅存在于美

国房地产业领域的信贷危机在经过数月的发酵之后,终于酿成了金融风暴,席卷和冲击了全球一大批实体经济企业,德国的"奇梦达"也没有幸免。在产业低谷和金融危机的双重压力之下,"奇梦达"的存储器业务萎缩,资金渐渐枯竭,企业陷入困境。此时,孙丕恕迅速调整策略——用并购取代合资,他即刻奔赴"奇梦达"的总部德林斯顿,与德方进行并购谈判,然而德方开出了25亿欧元的高价。首轮的谈判并不顺利,但孙丕恕并不罢休。在德林斯顿飞往慕尼黑的飞机上,孙丕恕专注地在餐巾纸上勾画着收购"奇梦达"的整体战略思路。

在这之后,进入并购"奇梦达"的攻坚阶段。孙丕恕带领着团队与德方进行了多轮的艰苦谈判,将价格从25亿欧元谈到4亿欧元。然而事情并未就此结束,又过了3个月,在2009年年初,"奇梦达"做出了让整个存储业震惊的举动——申请破产保护,事情再度发生重大变化。由于深谙在危机中规避风险、在挑战中把握机会的从商之道,孙丕恕立即对"奇梦达"的举动进行了全面分析,并认为如果在"奇梦达"最为困难的时候进行并购,"浪潮"集团可以通过多种方式来减少现金的支付,而如果"奇梦达"向法院申请破产保护、进行资产拍卖,则意味着重组它需要投入更多的现金。因此,在当时的情况下不能冒风险进行全盘收购,而要选择性地收购对于"浪潮"集团来说最有价值的部

分,这样做相对来说也比较容易控制。孙丕恕决定抓住"奇梦达"的存储器芯片技术,即它最核心的技术,只收购它的研发中心。从合资到并购、再到只并购核心研发体系,孙丕恕的海外抄底之路可谓一波三折。最后,孙丕恕用 3000 万元人民币收购了"奇梦达"的研发中心,可以说此次收购是"浪潮"集团和孙丕恕的重要战略举措之一。

  收购了"奇梦达"之后,"浪潮"拥有了世界一流的存储器核心技术,在服务器领域的高歌猛进也就水到渠成了。高端服务器技术是信息技术的前沿领域,是关系国家信息安全的重要核心技术。国家的命脉行业,尤其需要大量高效能计算服务器与存储设备来支撑。直到 21 世纪初,我国的高端服务器市场还几乎全部由 IBM、HP、SUN 等国外企业把持。外国品牌的高端服务器应用于经济运行的各关键行业,不但导致我国信息化成本居高不下,也给国家信息安全带来了潜在的危险。2010 年,孙丕恕领导"浪潮"人完成了我国第一台高端容错计算机样机的研发,并在中国建设银行测试上线。这标志着中国服务器产业迈入了世界第一阵营,摆脱了对国外服务器的依赖,意味着我国从此将捍卫信息安全的主动权牢牢掌握在了自己的手中。

### 知识链接

**存储器** 存储器是计算机系统中的记忆设备,用来存放程序和数据。计算机中的全部信息,包括输入的原始数据、计算机程序、中间运行结果和最终运行结果都保存在存储器中。它根据控制器指定的位置存入和取出信息。有了存储器,计算机才有记忆功能,才能正常工作。

唯有民魂是值得宝贵的,唯有他发扬起来,中国才有真进步。

——鲁迅

## 邓中翰的"中国芯"

2005年11月15日,一个年轻的中国人形象出现在美国纳斯达克的巨大屏幕上。这一天,中星微电子有限公司在美国纳斯达克上市,这个年轻人也把自己的中文名字留在了时代广场。这个年轻人就是邓中翰,他拥有物理学硕士、电子工程学博士、经济学硕士3个学位,是美国加州大学伯克利分校建校100多年来,第一位横跨理工商三大学科的学者。在这个信息时代,如果拥有了芯片的自主研发与产业化能力,就拥有了更大的改变世界的可能性。

邓中翰小时候总听少儿广播节目中讲科学知识,天空为什么是蓝色的、太阳为什么是红色的、彩虹是怎么产生的,听完了脑子里还总想着这些事儿,追着大人问这问那。后来,他有了一套《十万个为什么》,天天抱着看,这就是他

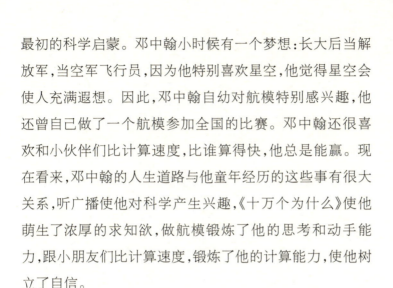

最初的科学启蒙。邓中翰小时候有一个梦想:长大后当解放军,当空军飞行员,因为他特别喜欢星空,他觉得星空会使人充满遐想。因此,邓中翰自幼对航模特别感兴趣,他还曾自己做了一个航模参加全国的比赛。邓中翰还很喜欢和小伙伴们比计算速度,比谁算得快,他总是能赢。现在看来,邓中翰的人生道路与他童年经历的这些事有很大关系,听广播使他对科学产生兴趣,《十万个为什么》使他萌生了浓厚的求知欲,做航模锻炼了他的思考和动手能力,跟小朋友们比计算速度,锻炼了他的计算能力,使他树立了自信。

1987年,邓中翰考入了中国科学技术大学,就读于他最感兴趣的地球与空间物理系。毕业时,23岁的邓中翰以优异的成绩考取了美国加州大学伯克利分校,攻读物理学专业。来到加州,亲身体验到硅谷神话,感受到信息化大潮的冲击,邓中翰对计算机产生了浓厚的兴趣。经过争取,邓中翰又获得了学习电子工程专业知识的机会。同时学习两个专业,邓中翰虽然忙,但是感到充实而快乐。

让邓中翰从学术研究转走科技创业之路的契机,是一次日本之旅。有一次,邓中翰和导师到日本出差,因为签证出了点小问题,他只好在日本滞留几天。闲来无事,邓中翰到街上走了走、看了看。日本高度发达的商业环境,琳琅满目的电子产品让他感觉进入了另外一个世界。邓

中翰觉得自己一直以来好像处在一个封闭的隧道中,他一直痴迷探索的奥秘距离现实社会很远,而他对身边真实的社会忽视太久。邓中翰突然对整个社会怎么运作、经济怎么运行产生了兴趣,他决定攻读经济管理学专业,毕业后走科技创业的道路。

回到美国,邓中翰同时完成了3个专业的课程,而且都是硕士生或博士生的课程,学习强度十分惊人。邓中翰每天晚上11点从博士办公室回到宿舍,然后躺在床上看所学的研究生专业的书,一般都要学到凌晨,然后早上7点多钟就起床去上课,有时还要外出工作。这么忙碌,他也没有觉得辛苦,科学家的梦想与强烈的求知欲是邓中翰奋斗的动力。在伯克利分校学习结束时,邓中翰拿到了电子工程学博士、经济管理学硕士和物理学硕士3个学位。

毕业之后到30岁之前,邓中翰一直在美国发展。他先参与了美国SUN公司的中央处理器研究工程,后来又进入IBM公司华生研究中心工作。在IBM,他发现了企业的实验室也可以像国家实验室一样组织结构复杂,运行机制缜密。在世界一流的企业里,邓中翰积累了创业经验。很快,他利用硅谷的风险投资基金,建立起自己的第一个公司——集成电路公司Pixim,并在很短的时间内将公司市值做到了1.5亿美元。

邓中翰30岁那年正值中华人民共和国成立50周年

大庆，他作为海外留学生的优秀代表，受邀登上天安门广场观礼台。这件事让邓中翰既激动又惭愧。看到祖国日新月异的变化，他激动；没有真正为祖国发展出力，他惭愧。也就是从那时起，邓中翰发誓要把祖国的芯片产业发展起来。在信息产业部的倡议下，邓中翰决定在国内组建起中国本土的芯片设计公司。1999年10月，他在中关村注册成立了"中星微电子有限公司"，信息产业部是该公司的主要股东之一。中星微电子有限公司具有独特的运营模式，他的总部设在北京，研发中心分设于北京、上海和美国硅谷，市场部门则在深圳。这样的运营模式有利于随时掌握最新的科研和市场动态。中星微电子有限公司吸引了许多国际知名人士的关注，伯克利加州大学原校长、美国科学院和工程院院士田长霖非常看好这家公司的前景，也投资了中星微公司。

2001年，邓中翰和他的团队仅用两年时间就推出了中国第一枚拥有自主知识产权的超大规模数码图像处理芯片——"星光一号"，结束了中国无"芯"的历史。2001年夏，邓中翰走进索尼会客室，接待他的是索尼的一位主管。邓中翰此行的目的是推销新研发的芯片"星光一号"。在经历了一系列的艰难推介后，性能优异、集成度高、能耗低、传输速度快的"星光一号"终于被"三星""飞利浦"等国际品牌采用，成为第一枚打入国际市场的"中国芯"。紧接着,"星光二号""星光三号""星光四号""星光五号"相继问世。然而,最让邓中翰觉得扬眉吐气的是,2005年夏天,索尼新一代笔记本电脑上的摄像头,用的正是中星微电子有限公司的"星光五号"。尔后,"苹果""三星""飞利浦""惠普""索尼""戴尔""联想"等众多全球知名品牌都使用了中星微电子有限公司的产品。中星微电子有限公司产品的销售市场覆盖欧、美、日、韩等16个国家和地区,成功地占有了计算机图像输入芯片市场60%的份额。风靡一时的音乐手机、视频通话等产品和服务的成功,很多都得益于邓中翰团队研发的芯片。2005年,"星光中国芯"大放异彩,荣获2004年度国家科学技术进步一等奖。当年,中星微电子有限公司也在美国纳斯达克成功上市,而邓中翰本人则先后获得了"全国劳动模范"等称号和"中国青年五四奖章",2006年又获得"中国十大杰出青年"称号。星光系列数字多媒体芯片和星光移动手机多媒体芯片的研发与市场推广,使我国集成电路芯片第一次在全球PC图像输入和移动数字多媒体两大重要应用领域占有了一席之地。

40岁时,邓中翰当选为中国工程院最年轻的院士。谈起自己的经历,他觉得最关键的是自己做出了正确的选择:"如果我在硅谷,再做10年芯片都还是美国的。现在我们回国10年以后创造的好几亿芯片都是我们中国

的……这也是我们的团队这么多年来努力的一个梦想,我们对国家的信息化振兴和腾飞做出自己的贡献和努力,让'中国芯'在世界的星空下闪闪发光。"

**芯片** "芯片"是半导体元件产品的统称,它是集成电路的载体,由晶圆分割而成。晶圆是指硅半导体集成电路制作所使用的硅晶片,由于其形状为圆形,所以称它为"晶圆"。

❋ ❋ ❋

爱国主义就是千百年来巩固起来的对自己祖国的一种深厚的感情。

——[俄]列宁

## 中国"蛟龙"

"可上九天揽月,可下五洋捉鳖。"毛主席勉励大家的梦想现在已经实现了,中国的载人潜水器已经达到世界先进水平。一般来说,国外在研制深水潜水器之前,往往会先研制一个 2000～3000 米级别的潜水器作为研究过渡,但是这样研制周期长,花费也大。"蛟龙"号 7000 米级载人潜水器的研制选择了跨越式发展的路子。中国只用了 10 年时间,花了不到 5 亿元人民币的经费,就把我国的深海载人技术从 600 米的水平,一下提升到同类型三人作业型载人潜水器的国际最大下潜深度——7000 米。

"蛟龙"号的外形像一条鲨鱼,有着圆圆的白色的"身体"、橙色的"头顶",身后装有一个"X"形稳定翼,在"X"的 4 个方向上各有一个导管推力器。更为重要的是,"蛟龙"

号是一条"中国龙",因为从方案设计、初步设计到详细设计,全部是由中国工程技术人员自主完成的,总装联调和海上试验也是由中国人独立完成的。而其中有些国外进口的零部件,正在实现国产化。"蛟龙"号的总体设计和集成工作凝聚了几代中国科技者的心血。

1953年,高中刚毕业的徐芑南如愿考入了上海交通大学船舶系。本来,他的毕业设计做的是水面舰船,可分配到船舶研究所后,却被派去做潜艇模型的水动力试验,接着又承担起水下潜艇结构的研发任务。不知不觉中,徐芑南的专业慢慢从水面"潜"到了水下。虽说被要求研究潜艇,可当时徐芑南连潜艇的模样都没见过。为了熟悉潜水艇的构造,他主动请缨,前往青岛的潜艇基地调研。

20世纪80年代,潜艇技术转向民用。随着我国海洋工程事业的发展,对潜水器的需求越来越迫切。徐芑南作为总设计师,带领后来"蛟龙"号总体设计和集成的责任单位——702研究所的技术骨干,成功地完成了我国第一台单人常压潜水器和双功能常压潜水器的研制工作,达到当时国际同类产品的先进水平,填补了国内空白。

徐芑南心细如发,每次出海做试验前,他都会与工人师傅一起先上船考察,什么东西放在哪里,如何固定防止海浪颠簸,甚至对用水、用电的接口,他都会事先考虑妥当。"跟着老徐,东西搬上船,总是一放一个准!"702研究所的老师傅们提起徐芑南,都十分佩服。每次出海,从离港到到达目的海域,常常是几天的航程。每到晚上,海风轻拂,大家都会聚在甲板上,或聊天,或看电视。而徐芑南总是独自端坐在舱内思索,有什么疑问就立刻找人问——这是众人皆知的徐芑南的好习惯。徐芑南的夫人说,不管病有多重,人有多累,只要一提到潜水器,他就会立马精神起来,要是离开了潜水器,他就像丢了魂儿一样。

1992~1993年,702研究所向国家科委提出研制6000米级大深度载人潜水器的建议。当时,镍、铜等矿产的国际价格偏低,深海矿产开发失去商业魅力,潜水器的用途不是很明朗,计划因此搁浅。徐芑南一度以为自己的梦想也将就此搁浅。1998年,他带着遗憾与老伴一起远赴美国,与儿孙同住,准备安度晚年。

从2001年起,中国拥有东太平洋矿区的专属勘探权和优先开采权,那里藏有丰富的矿产和稀有金属。当载人深潜器项目立项时,大家不约而同地想到了徐芑南。他是总工程师的最合适人选,因为702研究所拥有深潜器研制所需的系列试验设备和相关的技术储备,而徐芑南先后担任了5项载人和无人水下潜水器的总设计师和副总设计师,拥有丰富的设计经验。家人因担心他高血压、心脏病

复发而坚决反对,但接到回国主持"蛟龙"号设计的邀请后,66岁的徐芑南还是义无反顾地回到了祖国。

提到"蛟龙"号的设计制作,不能不提一个人,他就是叶聪。2000年,叶聪从哈尔滨工程大学船舶工程专业毕业,进入702研究所工作。1980年出生的叶聪与老一代科技工作者相比,虽然年轻,但是一丝不苟、刻苦钻研。

2003年,叶聪担起载人潜水器总布置主任设计师的重担,成为项目组里最年轻的主任设计师。设计过程中每个阶段的潜水器总图都是出自叶聪之手。画图是叶聪一直在做的工作,一般隔几个月版本就会更新,在细节方面他都会适时做出改动和调整。设计图很大,最大的图有11米长、1米宽,这样的图在设计的过程中,叶聪一共完成了8张,还有很多零碎的小图。除了承担主任设计师的工作外,叶聪还是"蛟龙"号的质量师和建造师。"蛟龙"号从设计到成型,叶聪几乎是全程参与。2007年,在各部门工作人员的齐心努力下,"蛟龙"号成功地呈现在人们面前,准备投入海上试验。由于熟悉"蛟龙"号的具体操作,并且拥有过硬的专业知识以及良好的心理素质,叶聪理所当然地成为"蛟龙"号的试航员。

深潜至海底3759米要承受376个大气压。如果深潜器出现芝麻粒大小的孔,挤射进来的海水就会像切割刀一样损坏深潜器，所以在做深潜试验之前需要进行严格细致的规划。下潜前一天，潜航员要按照拟订的操作计划做好充分准备。次日清晨部署完毕后，工作人员要在后甲板上对潜水器进行检查、填表格，一旦发现某项检查结果有问题，就要及时检修。接下来，船尾的吊车会将潜水器布放到海面上，潜航员开始进行水面检查，在完成一份详细的检测表格后，才开始下潜。下潜过程中潜水器要保持匀速，潜航员每隔5~20分钟会和母船进行通话，汇报情况。刚刚下潜时，波浪起伏，潜水舱会不停摇晃，电池也很有可能会短路。潜水员需要沉着应对，才能保证工作顺利进行。

"真正的海底世界并不是像人们在海洋馆看到的那样五彩缤纷。因为具体的海域情况、天气情况不同，可能会有差异，但一般海平面以下两三百米就是一片黑暗。我们下潜几分钟后，舱外的环境很快从浅蓝变成深蓝，最后一片漆黑。"2012年圆满完成"蛟龙"号7000米级海试任务的叶聪向人们介绍。在数千米深海海底及其下地层数百米的区域，存在着很多由微小的原核生物组成的"黑暗生物圈"。这里不仅有占全球地表生物总量十分之一的生物，还蕴藏着十分丰富的能源，被预估将成为人类未来能源的"供应基地"。

徐芑南、叶聪和相关科技人员的工作对于祖国未来发展的价值是难以估量的。

### 知识链接

**"蛟龙"号载人潜水器** 中国科技部于2002年将深海载人潜水器研制列为国家高技术研究发展计划（863计划）重大专项，启动"蛟龙"号载人深潜器的自行设计、自主研制工作。"蛟龙"号载人潜水器设计最大下潜深度为7000米，工作范围可覆盖全球海洋区域的99.8%。2012年6月27日，中国载人深潜器"蛟龙"号7000米级海试最大下潜深度达7062米，再创中国载人深潜纪录。

陆地、海洋、天空，三者如兄弟。

——［英］雪莱

# 后记

这套"梦想的力量：中国梦青少年读本"丛书得以出版，首先要感谢北京师范大学出版集团和安徽大学出版社的大力支持与帮助。感谢安徽大学出版社康建中社长不辞辛苦地从安徽赶来北京师范大学参加我们的审稿研讨会，并提出了重要的具有建设性的意见。感谢安徽大学出版社赵月华总编辑，这套丛书从最初的构思、策划，到最终的出版、发行，都凝聚着她的智慧和心血。社长和总编把这套丛书的读者定位在青少年身上，体现了他们对"中国梦"本质内涵的深刻理解，凸显了他们为实现"中国梦"所担负的社会责任感。同时，还应该感谢安徽大学出版社王先斌等编辑，他们在每一本书的编辑过程中都提出了许多宝贵而中肯的意见。

当然,本丛书各卷撰写者都是在繁忙之中,集中时间和精力,全力以赴地完成书稿的,付出了许多的辛劳和汗水。另外,还要感谢丁子涵、郝思聪、任敏、张悦等几位研究生,他们在查找资料、校对书稿等方面做了大量工作。

从开始策划到完稿,时间太仓促了,因此难免会有一些纰漏和不足,还请各位读者给予指正!

刘　勇　李春雨

2014 年 5 月